生命鬥士 **薛寶國** 著

即使從天空墜落，也不能癱瘓我的人生

推薦序

自己戰勝自己是最可貴的勝利

認識寶國那是很久很久以前的事情了，久遠到都不記得是怎麼認識的，但有些事情，我還是沒有忘記。

他曾經來上過我之前在警廣以及現在復興電臺的廣播節目，藉著他的故事，鼓勵、激勵聽眾朋友。我去臺中演講時，他是臺下的觀眾，還開車送我去搭高鐵。後來他經常來臺北上課，充實自己，並推薦邀請我去他上課的地方演講。

這幾年的兩次新書發表會，他都北上來參加，並響應送新書到偏鄉學校的公益活動，各捐了一百本書。另外，今年混障綜藝團的尾牙感恩餐會，他又北上為團員加油打氣，並提供紅包摸彩。

說起來跟他還滿有緣的，有一次搭高鐵，不期而遇，忘了我要去哪裡，不過我記得他和太太要到國外去旅遊，享受夫妻的兩人世界。他是一個很愛家的人，太太的好老公，子女的好爸爸。

當許多身心障礙朋友還在抱怨走不出來的時候，他已將埋怨「埋了怨」，主動積極的走出自我，尋找機會；他從事過小客車租賃工作，開過計程車，到目前的彩券投注站，其投注站曾榮獲臺中地區績優投注站。

原來，使我們成長的，不是歲月，而是經歷。

自己打敗自己是最可悲的失敗，自己戰勝自己是最可貴的勝利。身體的殘障沒有打敗他，某一年的農曆年，全身只剩下一千元過年，經濟的壓力沒有壓垮他，這些困頓困難都幻化成了他不斷向前的養分，而寫下了自己戰勝自己的光榮一頁。

寶國始終有個心願，就是能夠成為一個有影響力的人，幫助更多的人，而他的出書，透過他不向命運低頭，破繭而出的精神，就是產生影響力的墊腳石。

其實，不管他有沒有出書，他都已經幫助過許多人了，我便是其中受惠者之一，十分的感謝。除此之外，他還擔任過全國脊髓損傷聯合會理事長、臺中縣脊髓損傷者協會創會會長，臺中縣大里市殘障協會理事長，以及該協會七年的總幹事，這樣算下來幫助的人就更多了。

由於他的努力不懈，奮發向上，翻轉了人生，連價值也翻轉了，從「寶國」到「國寶」。

榮獲85年度廣播金鐘獎
當選83年十大傑出青年　混障綜藝團團長　**劉銘**

推薦序

要富口袋，先要富腦袋。

受到寶國的邀請，為他的新書寫推薦序，實屬榮幸。寶國是一位我很敬重的朋友，每次看見他臉上總是掛著陽光的笑臉，對人親切且謙和。

大家都知道我是很愛錢的一個人，我的生長環境、工作際遇、到我第一次買賣物件、出第一本書、到我現在教課的過程，都是因為我閱讀了無數本書、花了許多時間與金錢在學習上面，才有現在的成就，所以我認為透過持續不斷的學習跟實踐，是真的能夠變得很有錢的。我很認同這本書所說的學習致富的觀念，因為要富口袋，先要富腦袋。

我們的思維，主導著我們所做的每件事情與每一個決定。

看完寶國的故事，我相信能夠鼓舞到很多人；因為他的成功絕非偶然，是一點一滴累積而來的，重複會產生能量，而他選擇一直不斷學習，選擇改變，讓自己成為想要的樣子，而且他在得到成功果實後，更願意回頭伸出手，拉後面的人一把，也幫助他人透過學習，翻轉命運！

如果你想變得不一樣，那相信這本書能成為你邁向成功的一本啟蒙書！

我們沒辦法選擇命運，但我們能夠選擇要不要學習，透過學習，改變了思維、改變了做法、改變了選擇、改變了你對金錢的看法與態度，下一步，就是邁向財富！

投資達人&暢銷書作家　**王派宏**

推薦序

透過學習一步步實現夢想，邁向全方位的成功。

這本書是我這一年來看過的書籍當中，令我印象最深刻的一本書。

我生命裡，看過八百本以上的傳記；有世界首富的，有奧運冠軍的，有超級企業家，而本書寫得如此的真實，感受如此強烈，書中不見得教你如何賺大錢，但卻可以讓你從這當中體驗到，如何從「人生的經驗」學到幸福、成功。讓人看完之後欲罷不能，並讓我們跟著作者經過了一段精采的生命旅程，也從這當中檢視自己的生命，又能夠從我們的人生當中，得到了幸福的泉源。

本書作者寶國把一輩子的經歷，從出社會、創業，到如何賺到錢、學會財商，以及在生命裡經歷了精采過程，發生了一場大事故導致下半身癱瘓而痛哭流涕、不知所措，但，他又重新的站了起來！在社會公益、服務人群，也在他的彩券生意、投資領域，真正的出類拔萃，成為業界最頂尖，一步一步透過學習，邁向全方位的成功。

這本書真正令人欲罷不能，一頁接著一頁讀下去，書中記錄的作者親身經歷不只是精采，更和我們在課程當中不斷的在強調著「全方位的成功」，十分的貼切、符合；他沒有被身體的情況給打敗影響，反而透過學習來創造幸福、成功、快樂的人生，並透過學習一步一步實現所有的夢想，且邁向全方位的成功。

寶國，我身為師父，以你為榮！這真的是一本無比精采的書，大力的推薦給每一位想成功、想賺錢、追求成長的朋友們，一起來創造幸福成功快樂的人生。

佳興成長營創辦人　**黃佳興老師**

推薦序

從自助到人助，步入成功的後半生。

民國九十六年八月一日我從任職了二十七年半的中國信託銀行退休，同日轉任同屬中國信託金控子公司的臺灣彩券擔任總經理職務十年半的期間，讓我充分認識了寶國兄這個人；民國一〇七年一月一日我從臺灣彩券再度退休轉任中國信託資產管理公司副董事長及臺灣彩券董事之職務，仍然跟多位彩券業前輩保持密切聯繫持續探討彩券應興應革事宜，寶國兄是其中之一，在其出書之際，被邀請為其寫序，實感榮幸之至！

看完了寶國兄精采且誠懇的人生告白，我才更深入了解從平凡到坎坷，走出陰霾，迎向人生，步入順境到綻放光芒的過程，實可當為借鏡及效法、學習的好榜樣。

民國七十八年二月十日（農曆大年初五）對寶國兄來說是個永生難忘的日子，駕駛輕航機失事墜毀，脊髓損傷造成下半身癱瘓，從順境的人生瞬間跌入谷底，變成生不如死的心境，不言可喻。但是寶國兄不向命運低頭，肉體再痛也得迎向人生，深切體認應「活在當下」、「不斷學習」，學習獨立、堅強，更從自助到人助，敞開心胸，迎向陽光，終於步入成功的後半生。

寶國兄在事業穩定之後，飲水思源，即開始協助脊髓損傷者及投入社會福利和社會公益活動。

其尊翁民國一〇一年因病辭世，他響應台彩「買彩券、做公益、積功德」的理念，將喪禮中收到的奠儀湊足二十萬元捐給中國信託慈善基金會用來關懷弱勢兒童之用，爾後對慈善及公益更不遺餘力持續投入，這種「化小愛為大愛」之精神，真令人佩服與尊敬。

成功絕非偶然，成功也無捷徑，本書可以協助讀者免於摸索，早日步向成功的途徑，值得推薦給大家！

中國信託資產管理公司副董事長（前臺灣彩券公司總經理）　**黃志宜**

目錄

前言 真誠的分享，以及認真的學習。

這是我人生的第一本書，用真誠來鋪陳，講的是我的生命歷程，以及過往歲月帶給我的啟發。

我承認我不是學者，所以著書不是為了「傳道授業」，但我絕對是個歷經種種人生波折，曾經死裡逃生，也曾經高峰低谷走過幾回。若論起「解惑」，那我是有資格，可以提出許多對人生難題的看法。

你曾經遭遇過讓你完全猝不及防的事件，讓你傷心、失望，震驚乃至於崩潰嗎？當遇到這樣的事，你要如何改變心境？如何調適自己，再次面對人生？

你是否對各種事物的進行有一定的成見？例如，你可能認為一個下半身癱瘓的人大概一輩子就是社會的累贅；或者你認為年過四、五十歲的人，若還不能成功致富，那將來就沒什麼好指望的？其他，不論在愛情上、事業上，你是否也有很多的設限，認為：「……情況的人，不可能。」但所有這些「不可能」就真的「不可能」嗎？

你是否覺得變成有錢人難如登天？那些大企業、大財主們，不是天縱英明，就是碰到超級的好運，但這樣的好事絕不會落在我頭上？你是否覺得報上講得那些二十二K的噩夢，就是即將伴隨著你一生的噩夢？總之，你覺得這一生和財富無緣？

還有種種的「不可能」、「絕望」、「嘆息」、「生不逢時」……是否，你腦海中總是伴隨著這類的字眼？

說我是「解惑」者，想想，我還真的非常適合。放眼臺灣，又有幾個人可以像我一樣當個標準典範，也就是「作為最糟的」樣本，然後卻又可以像奇蹟般的找到生命的新價值？

如果是任何一個大企業家、大學者、任何身心健全的成功人士來現身說法，都不夠有說服力，讀者們都可以說：「你是你，我是我。」但如果像我這樣下半身癱瘓、曾經想要自殺，也曾經歷過事業失敗，直到中年時都還在為家計不知如何是好，一個曾經那麼慘的人出來見證，那可就有說服力了吧？再沒有人可以有藉口說成功「不可能」。難道，你們的際遇會糟過坐著輪椅，連大、小便都失禁不方便的人？

其實，就是因為這樣，我就更必須寫這本書。寫書不是為了要獲利，更不是想說自己有多了不起。我一點也沒有什麼了不起，但我有個使命，要幫助許多的人。特別是當整個社會沉溺在「物價漲，薪水卻不漲」死氣沉沉的氛圍時，我覺得我想要用一己微薄的力量，真誠的做出積極正向的呼籲。

我不傳授複雜的理財學，也不透漏什麼致富祕辛。我只講真正實用、我用現實生活寫就的「領悟」。

若忙碌的現代人時間有限，只有一點點時間，想要抓住本書傳達的關鍵理念。那麼，我想要說的最重點的兩個字，就是「學習」──

在我的每個人生階段，是「學習」帶給我新的提升！

在我遇到低潮的時候，是「學習」指引我走出幽谷！

我願意提出證言，這世界上任何一個人，就算全身一無所有，沒錢沒資源落魄異鄉，只要內心存有「學習」的心，那終究境況會逐漸改善。

本書講述的是我的故事；從我的健康青春，講到我的輪椅人生；從我的無知歲月，講到我最後如何致富。

如果願意，請聽我分享這一頁頁的真誠故事，最後，讓我們一起來「學習」。

PART 1

青年歲月篇

那段追風的歲月

我喜歡騎車迎風，田野與稻香在身旁掠過。
我喜歡仰望天空，陽光下飛機的身影閃爍。
我是個愛作白日夢的青年，
在我的前方有條長長的道路，
我要往前奔跑，追尋每一個夢與快樂。

曾經我的願望這麼的奔騰著，
直到那一天，我從天空落下……

南國回憶點點滴滴

回首一路走來的歲月，免不了有失去的傷痛，與數不清的「假如……當時……」。當然人生無法假設，失去的就是失去了。重點是不要忘了那些過往生命歷程帶來的意義，就算有著苦痛，但更多的是笑意與燦爛。

影響我人生後來發展的許多信念種子，許多在我還年少的時候，就已埋下，只是當時我可能不知曉那些事對我的影響，要到成年後才感知那些事的意義。

我是個有耐心的人

一九四五年，發動太平洋戰爭侵略中國並且橫行東半球好幾年的日本帝國，已經走到征戰的尾聲，即將迎來慘敗的黃昏。那個殖民許久的寶島臺灣，也無可避免即將被送返原本割讓她的祖國，土地上的子民人心惶惶。

在那風雨飄搖的年代裡，一個三十幾歲祖籍福建的漢人，得知沒落日本因為任務交接需要招募警力，於是把握機會接受培訓。雖然因為時局變化太快，他還沒受完訓就必須赴任，但他已經正式進入體制編制，成為臺灣的基層巡佐。並且隨著改朝換代，他從日據時代橫跨到光復時代，繼續服務到我中學時代，之後轉行做生意。他一生結過兩次婚，生養過四個子女。

他就是我的父親。我是他最小的兒子。

說起來，我父親這一生對我有很大的影響，其中最大的影響就是建立我的人格信念。記憶中我是個老愛發呆的孩子，雖然爸媽及師長都覺得我是乖小孩，實則我只是愛作白日夢，然後就把自己全然的放空，任思緒飄揚。表面上我看起來安靜，一點也不調皮搗蛋，卻也不是個好學生，考試從來沒有令師長滿意過；每當老師在臺上畫黑板寫粉筆字時，我老愛看著窗外，心早就不知飛哪去了。

在家裡我也喜歡一個人靜靜的玩玩具，相較來說，哥哥就比較活潑，有時候會跑來弄我一下，其實也只是跟我玩鬧著，但我常常被他弄哭，然後我哥哥就會挨打。總之那時候，我因為比較乖，較博得父母喜愛。父親如果有機會帶小孩子出門，總是比較喜歡帶著我，就是因為我比較乖。記得有一回，當父親還在跟人家談事情時，我們兄弟在外頭的機車上等，等了好久，最後哥哥打算自己走路回家，我心想這樣如果父親出來找不到人怎麼辦？所以沒跟哥哥一起回家。當父親出來後，看不到哥哥，我才跟他說哥哥已經先回去了，那時父親就會摸摸我的頭，稱讚我是很有耐心的人。

其實當時的我，只是一個人坐在外面，幻想那些英雄超人等等的故事，自得其樂也不覺得無聊，並不懂什麼耐不耐心，但在那個啟蒙的年代，家長對孩子的一言一行是可以影響久遠的，父親既然稱讚我，我就覺得很高興。一直記著父親對我的稱讚，也深信自己就是個「很有耐心」的人。

於是伴隨著這樣的「自我認知」，我從小到大做事都很認真盡責，任何想要做的工作，我不會因為遭受一點挫折就想要退縮，我做事比較有耐心，也較能做得久。父親常愛講的一句話臺語諺語也深植我腦海，他總是說：「戲棚下是站久的人的。」所以我就終身要當個「站久的人」，雖然如今我只能以輪椅代步，我依然堅守崗位，做事充滿耐心。

賣猴的故事

我生長的地方是從小住了二十幾年的屏東縣潮州鎮，印象最深刻的是家住民治橋下，後來住的潮州鎮泗林里是否為公家宿舍已不復記憶，但我仍記得父親當年曾擔任守山的警員，也就是在山地鄉管制哨前，負責監管盜林防護山地管制區域之重要道路及隘口，執行人員、車輛、物資及危險物品等進出山地之檢查管制等事宜。

在潮州的隔壁兩個鄉鎮，包括來義鄉望嘉村，以及新埤鄉餉潭村，他都在檢查哨值勤過。也因此有機會、有個原住民朋友送他一隻猴子。當然這是父親所說的版本，也有可能其實是他自己買的，但怕母親罵他浪費才說是別人送的。無論如何，他帶猴子的最初用意，是要討孩子們歡心，這點應無疑義。

然而有一次，那潑猴可能不小心撒野，打破家裡的碗，惹惱了母親。於是母親要求父親要把那隻猴子拿去賣掉。後來趁著某次輪休，父親打算帶著那隻猴子去屏東市兜售，認為那裡比較熱鬧，有可能有店家願意買下猴子作為招攬客人的噱頭。這回出門，他也帶最乖的我同行。

由於我念書的學校都是離家裡很近的地方，一路從潮州國小、潮州國中後來還念到潮州高中，都是離家走路就可以到達的距離。因此我不常有機會遠行，而那時我還是個小學生，父親要帶我去屏東市，我當然很開心。

先乘車到了屏東市，之後父親就帶著我挨家挨戶詢問店家買猴的意願。初始還很有趣，但走著走著，走到下午四點鐘都還沒有買家。我也開始感到疲累，又過一陣子，眼看著即將天黑，我忍不住跟父親問：「要去哪裡吃飯？」

結果父親回答我：「沒把猴子賣出去，我們怎麼有錢吃飯？」

可能因為當時我肚子餓了，因此聽到這樣的回答，印象特別深刻；原來沒賣出去就沒錢，沒錢就不能吃飯。彷彿之前人生「錢」跟我沒多大的關係，反正一切生活起居都有大人關照，直到那天，我才感受到「錢」是很重要的。

天都黑了之後，父親總算談成一個買家，猴子轉手，我們也有「錢」了，看著父親那非常高興的表情，我也有如釋重負的感覺；一方面可以吃飯了，一方面知道我們有「錢」了，我也莫名開心了起來。

那雖看似一件小事，但對當時還是小學生的我卻有很大的影響。從那天起，我終於「親身體會」原來賺錢不容易，對我來說，錢不再是和我無關的大人的事。我開始了解父親賺錢是很辛苦的，日後我就懂得要省吃儉用。

直到後來我成長過程，我都不會亂花錢，並且非常重視如何理財。那次的賣猴經驗，也是我初次的財商（Financial Intelligence Quotient，簡寫成 FQ）體驗。

童年印象憂鬱的母親

說起我的父親，他其實是個很有意思的人，有時候感到他很怕我母親，其實因為他非常疼愛她。只因那個年代的時代背景，父親年輕時也必須在克難環境中求生存，他在三十多歲的時候有了第一次婚姻，那時他還辭去警察工作，跑去做生意，後來生意失敗了，第一任妻子也離異，留下兩個女兒，那就是我兩個同父異母姊姊。

當我的父親認識我母親時，他那時已經又重新回歸警察的工作。然而年齡已經比較大，他整整大我母親十四歲。由於我母親從小見識過種田人的辛苦，認為莊稼人一輩子風吹日曬雨淋卻賺不了什麼錢，不能過好生活，因此想要嫁給非莊稼人。當時兩個候選人中，一個是演奏胡琴的樂手，經常隨著樂團參加婚喪喜慶活動，另一個就是我父親，後來她決定嫁給我父親。因為當警察也算是公家機關。

由於已經與第一任妻子離異，父親結婚前並沒有特別告訴母親他離過婚，直到有一天，家裡忽然來一個女孩，說要找父親。當時父親還謊稱，這個女孩是親戚家跑來這玩的，然而這女孩竟就在我家住下了，有一回她陪母親去溪邊洗衣，這女孩就納悶的問我母親：「為什麼我爸爸說我不能在人前叫他爸爸？」母親這才曉得她是來找她父親的，她父親是誰？當然就是我父親。而這個女孩就是我的二姊。

我母親當時可想而知有多生氣，而理虧的父親也只得期期艾艾的表示，那只是年輕時不懂事的一次意外，不小心和女人露水姻緣生下的孩子。我母親為這件事氣了好一陣子。

不料事情還沒完，隔沒多久，又來一個女孩。這回我母親已經氣到不知道該說什麼了，她問我父親，這種事有完沒完，到底是怎麼回事？我父親這才坦承他過往曾經結過一次婚，生養了兩個女兒。但他保證，真的就這兩個，況且他已經離婚，真的沒其他孩子了。這第二個來的女孩，就是我的大姊。

想來我父親當年也有他的苦衷，那個年代離婚實在不光采，更何況他不想要已經結束的事影響現在的生活，無奈先後兩位不同時間找上門的女孩，讓我母親覺得受到欺騙。

我印象中，母親為此總是悶悶不樂，養成了她喜歡不斷勞動的性子，一天到晚就是清潔這清潔那，也較少管孩子，只有當我們兄弟有吵架，她才出來管一下，或者偶爾帶孩子們去附近雜貨店走走。還記得有一次，她去買了一臺唱機及幾張唱片，在家裡她邊放著唱片邊做打掃工作，表情略帶著哀傷。

雖然我當時還小，但母親當時的憂鬱，我也感受得到。這讓我心中有個想法，將來我如果成家，我一定要善待自己的家人，不要讓他們不開心。這件事也或多或少，構築了我基本的家庭觀。

叛逆的青春時期

父親後來轉行做生意，國中的時候家裡開了雜貨店，因為我對人親切、面帶微笑，因此父親叫我顧店，他則負責去批貨以及談其他買賣，那也是我人生第一次的商業經驗吧！

那個階段對我最大的影響，自然是父親用他的身教，引領我初次認識何謂生意，我看到父親的認真態度，他當年把店做得有聲有色，榮獲公賣局頒發獎狀全省第一名。當年做生意的父親教我的種種點滴，為我打下做生意學習的基礎，而他對生意的用心，也成為我日後自己經營生意的榜樣。

多年後，我自己經營的彩券行，因為成績優異，獲頒獎狀，並且還有媒體採訪。我就會在心底對著已經過世的父親說：「父親，我總算沒丟你的臉，我也像你一樣把生意做得有聲有色。」

在幫忙顧店的那段日子，我從國中升上了高中。在當年大學聯考競爭激烈的環境中，我念的那所高中，升大學的率取率算比較低的，讀國中時有一次我跟父親說，我想好好念書考上好的高中，所以請他讓我去樓上念書比較能專心，就像當時哥哥就在樓上念書一樣。

但父親跟我說了一個故事，他說以前有一位窮人家的孩子把牛牽到山上的樹上綁著，一邊顧牛一邊讀書，後來也是考上大學。當時父親應該是想要培養我不論在任何環境都能安然處之的能力，要我邊看店邊看書，當我告訴他我沒辦法，他態度異常強硬的說「有」。而年輕的我不懂事，總覺得父親根本不懂，不關心我的未來，適逢青春叛逆期的我，當時和他賭氣，後來讀了高中，三年幾乎都不讀書，考試全靠作弊，那三年幾乎都是在撞球場度過，害得自己自食惡果，考不上大學。

父親完全不知道我的心態，直到念到高三時，我混得愈來愈凶，鄰里都知道我這個小時候的乖小孩，長大已經變「壞」了。已記不得當年父親到撞球場找過我多少次了，只記得第一次被父親看到我在撞球時，我嚇了一大跳，那天父親很生氣的把球拿起來作勢要丟我，後來球重重的扔到撞球臺。但我並沒收斂多少，仍經常在外頭與壞朋友鬼混，有時候混到半夜兩、三點才躡手躡腳回家。

印象最深刻的是有一次也是到兩、三點了，想說大家應該早就睡了，沒有人會知道我回來，哪知一開門，黑暗中有個人影坐在長籐椅上，赫然就是父親坐在那兒。

我以為父親會高聲斥責我，不料當天父親一句話也沒說，只是確認我到家後，他就轉身回房去睡了。父親平常是非常嚴肅的，脾氣不太好，當天這樣的舉動很不尋常，這也讓我靜下心思索，為何父親等我那麼久，卻一句話也沒罵我。其實他內心是關心我的，但我卻如此的叛逆刻意和他賭氣那麼久。

我內心充滿了後悔與感動，從那次之後，我就不敢再那麼晚回家。

這是我中學時代的經歷，也讓我學習到不要為了賭氣而做出家人傷心，到最後反而害了自己的事。

回首青春路

說起來，我的年輕時代，走過很多的荒唐路。生命沒有什麼一定對或錯，全都是成長的過程。如今回首，可能覺得那個時候，我怎麼做出那麼多的荒唐事？怎麼那麼笨？怎麼那麼不會想？如果身為一個局外人，看到當年的我，可能想狠狠的巴一下我的頭。真是個壞孩子啊！

但這就是青春，這就是人人都會走過的或迷惘或焦慮的歲月。我仍記得當年那個荒唐的我，所以現在的我，就算面對年輕人，也絕不會倚老賣老，硬要對他們說教，只因我也是過來人，在青春的日記裡，雖然一路荒唐，卻也充滿屬於我自己的故事。

走，就對了

學生時代的我，真的很不學好，傷了爸媽的心。

為什麼會如此呢？要說是賀爾蒙作用，全身充滿精力無處發揮也可以；或者也可能是因為自卑而轉化為過動，當年的我，自慚是又黑又瘦又矮又醜，一無是處，這樣的我，只有在與人博感情逞英雄時，才能顯示存在感吧！

高中畢業了，一時不知道未來該何去何從？幸好國家已經幫我安排好一個未來了，那個「未來」就是服兵役。然而，在我的情況是，我等待的時間長達近三年。也就是在那三年裡，我這個不安分的青年，又多次迷失在都市的叢林裡。

原本，父親已經幫我找好了工作，那年代還沒什麼「服務至上」、「標準服務流程」等等的規範，像是公家機關以及一些半民營半官方的機構，都被稱為鐵飯碗，公務人員被許多人列為職涯第一志願。所謂錢多事少，就像我的一個姨丈，在屏東市糖廠上班，工作穩定、每天可以準時上下班陪家人。而我的父親愛子心切，也希望我的人生可以過得不要太辛苦，於是透過他的人脈關係，讓我一畢業就可以順利進糖廠工作。

可惜後來我辜負了他，我的確去糖廠工作了，但做不到三個月，就離開，並且還是不告而別。

其實我本身倒也不是那麼叛逆，也沒存什麼壞心眼，當沒有外界的誘惑時，我能安分守己，初進去糖廠時，我也是乖乖的學習開曳引機，做好我在蔗田裡份內的工作。只不過，我從小就養成愛作白日夢的習慣，有時候開著曳引機穿梭在蔗田裡，我的腦袋就又翩翩飛想起種種的夢幻，想像我已經飛黃騰達了，穿著西裝，身旁女孩左擁右抱，然後我有一千手下，人人對著我畢恭畢敬的叫聲「寶哥」，然後我很闊氣的揮揮手，眾人低頭俯首稱臣。

那一年我剛畢業，從小到大，我都是一路在潮州念書，生活圈子很少脫離潮州，更別說是屏東以外的地方了。但我的夢想則早已脫離地域限制，總是徜徉在無限美好的世界裡。一畢業，少了學校老師的拘束，我的心更像是一隻跳脫牢籠的小鳥，一有機會衝出籠門，就會飛到海角天邊。這樣的心境，也像是已經燃上點點星火的薪柴，只要外界任何一陣風，就可以燃起我的雄心，讓我如火焰騰躍飛去。

白天我在糖廠開曳引機，晚上後來有個差事，那就是守夜。原來，我們糖廠的機具以及柴油等設備，白天工廠有人在不用擔心宵小，但夜晚就要有人負責看守，時光久遠，我已忘了當年為何糖廠沒有警衛，又為何要讓一個青年人負責看顧設備。總之，在父親的勸說下，我晚上兼作看守，一方面多一份小小收入，一方面也讓我晚上可以安分點，不要到處趴趴走。

然而，最終我還是趴趴走了。畢竟，夜晚是屬於夢幻的時刻，我更會胡思亂想，而那時我的一個好哥兒們，這裡就稱他為豐哥吧！不知從哪打聽到我在這的，某天夜裡，竟然直接到蔗園來找我。

「寶國啊！你在幹嘛啊？」

「我在看守公司的設備啊！」

「看什麼設備啦！少沒出息了吧！年輕人在這裡有什麼前途？跟我去闖蕩闖蕩吧！」

我的心本就浮動不安，老哥兒們一聲呼喚，我就立刻如籠中鳥飛出牢籠，丟下糖廠設備與工作責任，一走了之。

要去哪？不知道。總之，走，就對了。

豐哥的故事

在學生時代，我功課不好，也沒什麼特別突出的才能。但我有的，就是幾個好哥兒們。或許我們言不及義，或許我們行為不檢點，甚至我們還上過警察局。要知道，我自己的父親就是個警察，結果他的兒子卻得被自己的同仁傳喚訊問，那是多丟臉的事啊！

但，年輕就是這樣，做什麼事都不顧後果的。

當年幾個一起荒唐的朋友，後來命運的糾葛，之後都仍有不同的聯繫，有些甚至影響到我的未來，這是後話了。

總之，在高中時代，我的幾個朋友，有豐哥、有小馬、有阿賢、有牛仔，幾個人臭氣相投，在外人眼中我們不學好，但在我們彼此間卻覺得頗有圓桌武士三劍客，那種任俠好義的瀟灑。

原本，我剛進糖廠，因為工作太輕鬆穩定了，我一時無事，晚上還去報名上課，想學跆拳道，想學吉他，總之，就是想讓自己成為女性的夢幻情人，又會武功又會唱歌，充滿魅力。

但後來豐哥出現，又把我帶入歧途，然後我們就真的四處奔走。那一兩年裡，我換了不下十個工作，我們去到了臺南、高雄，遊走南部各城市，什麼行業都做，工廠、餐廳、雜工，只要領到錢，第二天就不去上工，我們的錢都拿去享受人生，而我們選的工作，也都盡量是可以供吃供住的那種。

一開始我是跟豐哥一起，之後也陸續和阿賢、小馬、牛仔等攪和在一起。我們兄弟不像桃園三結義有排行，但基本上，豐哥家裡有背景，體格又最壯，是我們中的老大，而由於我在高中時代很敢衝，很會惹事，被認為是比較有膽的，所以小馬他們會稱呼我一聲「寶哥」。

但不論是什麼哥，什麼弟的，其實都不過只是一群遊手好閒的年輕人。

先來說說我與豐哥的故事吧！

由於彼此是哥兒們，當他來糖廠的蔗園裡找我，我立時受誘惑，棄職跟他四處闖蕩。但我後來才知道，在當時，我雖是對前途還很茫然，但豐哥其實已經找到他的未來了，他那時本就打定主意要念軍校，只是想趁入伍前的時光好好去體驗人生，而傻傻的我，就被他拉作跟班，跟隨他到不同城市轉。

有時候一家餐廳做得好好的，我甚至都做出心得了，老闆也都很讚賞我，但他卻總是慫恿我，領到錢就趕快離開吧！我也傻傻的跟他離開。直到有一天他自己從我旁邊離開了，知道他要去軍校了，我傻了，才發現，原來我只是被他利用作為過渡期的陪伴。

但不論如何，我和他曾有過那段荒唐的青少年歲月，日後仍有保持聯繫。發生在他身上的故事，還有點戲劇性。

多年後，豐哥早已從軍中退伍，當他和我再次聯繫時，是在做傳直銷，一直想要銷售我什麼健康塑身衣，我跟他說：「豐哥你就饒了我吧！我都是個坐輪椅的人，你賣我這什麼健身的做什麼嘛！」後來他才暫時作罷。

神奇的是，之後我經營彩券行，後來成為全臺第一個開出頭彩的據點之一，當年也被媒體廣泛報導。巧的是，這買到頭彩的人，不是別人，正是豐哥，當然基於得獎人不公開原則，我這裡也沒提到名字，代號也是假稱。但當年媒體採訪時，就已經知道，第一個買到頭彩的人就是我的朋友。

說起來那天也挺有意思，當我接獲通知頭彩得主誕生在我的彩券行時，我第一時間想到豐哥來我這買不少彩券，會不會可能就是他中的？後來我也打電話提醒他記得對獎。接電話時他還處在可能宿醉的狀態，嗓子聽起來混濁不清，一聽到有機會中頭彩，立刻就來了精神，說他馬上去對彩券號碼。

隔沒多久，換他來電了，他講話的聲音明顯的有些大舌頭，講話不清不楚，我問他：「豐哥，頭彩得主是你喔！」他當下還說：「哪有，怎麼會是我？」但我接著就說：「一定是你啦！看你講話都打結了。不要再隱藏了啦！小心喜事藏在心裡會內傷喔！」豐哥這才坦承的確是他中頭彩。

原本說好要包個紅包給我，結果這豐哥有些小氣，說好的金額，後來竟然有一部分要扣抵傳直銷產品，硬是要我們買一件健康塑身衣。還真有夠朋友啊！

故事的後面，很多人可能好奇，這個頭彩得主，當時他分到的獎金有七千多萬，後來怎麼啦？如同統計學所說，頭彩得主有很高的比例，三到五年就花光了。

這個豐哥，才不到五年的光景，七千萬就已經花光了，最後打回原形，回復他原來的樣子。極盛時期，他曾擁有賓士轎車以及一輛ＢＭＷ休旅車，後來也都賣掉，當年還曾為了看望兒子，風光的搭直升機，但有錢時不好好把握投資，只買些農地，值不了幾個錢，看來真的只是在屏東鄉下種種田。

他的例子，後來也讓我更明白投資理財的重要性。

放蕩不羈的歲月

豐哥離開我們身邊，去念了軍校。而我則留在高雄，繼續過著荒唐放蕩的日子。那段日子，父親也曾三番兩次透過管道找我，畢竟他是警察，比較善於查探消息。但想想，一個脫離牢籠的鳥兒，怎可能輕易的就回家呢？豐哥雖不在，但我仍執迷在那種邊打工邊遊蕩的生活。

當時身邊還有其他的哥兒們。我們沒做什麼犯法的事，頂多是打工領了錢就不告而別這樣的任性作為；另外，打架的事也偶爾發生，畢竟就是年少氣盛嘛！

有一回在餐廳工作，那時我和牛仔一起。餐廳那種環境，原本就是年輕人居多，有一次在廚房處理上菜事宜，牛仔和另一個青年，姑且叫他阿猴好了，兩人起了衝突，好像是阿猴問牛仔知不知道怎麼保存魚鮮，牛仔隨口嗆了一聲，阿猴就不屑的和牛仔回嗆：「反正你這個人什麼都不懂就對了！」

「幹！你說什麼！」

「就說你這鄉下人什麼都不懂，你怎樣？」

當下兩人就互看不對眼。

當天下班時間，一打卡，兩人就開打了，我當然得站在牛仔這邊，兩人打一個。但那阿猴也是個狠腳色，竟然不怕二對一，發了狠和我們對幹。那時我心頭火起嗆他：「兩個打一個你都不怕，你有多囂張啊？」隨手想拿個東西，一時找不到，看到一個玻璃杯，我就狠狠拿起來，往死裡打般，杯子大力敲在阿猴的背，那力道之大，整個玻璃杯都碎了，我的手也被割傷鮮血直流，阿猴更痛得大叫。

想想，還好當時我們身旁沒有什麼刀子或鎚子之類的，否則年輕氣盛打紅眼的我們，搞不好就因此鬧出人命。

總之，都已經流血了，我們當下也嚇到了，趕緊收手。事後，我們彼此都沒人提告，也沒人報警。但當然主管有找我們過去，工作就做到那天為止。

還有一次，阿賢跟我借錢。不知他在外頭惹了什麼事，總之他到處借錢，也向我借了一萬元。說是借，其實在籌錢給他的當下，就已經知道，這錢是有去無回的了。

但哥兒們就是哥兒們，當年的我明明身上沒錢，也知道籌錢給阿賢就再也要不回來，但我還是很當一回事般的去做，沒錢怎麼辦？我就把我的代步工具，那臺酷酷的還曾特別加高過把手的光陽機車拿去當鋪典當，取得了一萬元就直接拿給阿賢。

很講義氣的我，兩肋插刀之餘，還瀟灑的說：「這筆錢就拿給你急用吧！」哥兒們就是要互相幫助，我甚至沒跟他說我這筆錢是典當機車得來的。這簡直就像是電影中黑道兄弟的義氣展現了。

然而，我終究還是需要代步工具。所以救了朋友的急，接著我就想著該如何贖回我的機車？答案是要趕快找到一萬元的工作。因此，那陣子，我去了一家腳踏車工廠幫忙。記得當時跟我一起去的人是小同。

這個小同啊，他也只做一天就不做了，事後還跟我其他朋友說：「那個工作又累又髒又辛苦，我一天就做不下去了，寶哥還真有辦法做了一個月。」

記得那時有個類似腳踏車鍊條的零件組，一組組放在一個高高的鐵筒裡，我的工作之一，就是要把那些鐵筒拖到隔壁的物料間。那裝滿零件的鐵筒真是重啊！我使盡吃奶力氣也無法移動分毫，後來在資深員工鼓勵下，繼續努力，拖了好久終於讓鐵筒動了起來，好不容易拉到物料間，已經流了一身汗，全身痠痛。既辛苦錢又少，難怪小同做一天就不幹了。

但我必須做滿一個月，因為我需要錢。我後來真的撐了一個月，時間一到，我和朋友小馬串通好，說我發生車禍了，還故意把手臂包紮起來，去工廠要薪水。原本工廠固定每月十號發薪，我說我等不及了，現在就要，然後朋友陪我一起耗在那裡。工廠不想把事情鬧大，就真的把薪水結算給我。

拿到薪水我立刻去當鋪把機車贖回來，當然從此也不再去那家腳踏車工廠報到。

每當想起這些往事，就會覺得，當年的我怎麼會如此的任性不負責任？而那個幫我要到薪水的小馬，高中時覺得他很酷，還曾因拿扁鑽殺傷人，惹得警察半夜來我家訊問，因為我們常混在一起。而說來有趣，那時的幾個哥兒們，原本在學校愛惹事生非的小同，後來卻跑去當警察。而那個我典當機車借錢給他的阿賢，之後倒是似乎有一點點的成就，生意做到海峽對岸去，後來有機會和我聯絡上，他好像已經不記得當年我曾借他一萬元的事。而那個拿扁鑽傷人的小馬，之後也跑去做生意，也是到海峽對岸去，就是他，後來指引我的理財方向，幫助我創造大財富。

這就是人生。充滿了種種的可能。

遷居臺中大里

過了好一陣子打帶跑的日子。之後我的生命裡，再也不曾有過那樣的時光，彷彿什麼都不在乎，什麼都不在意。橫在前面的，是總有一天國防部會通知我當兵，而存在我體內的，是宣洩不盡的青春活力，以及一大堆雜七雜八的夢想。

那是我無怨無悔的青年歲月，倒不是我鼓勵年輕人跟我一樣，事實上我也知道那是「錯誤示範」，但我想表達的是，年輕只有一次，至少我曾瘋過鬧過多方嘗試過，讓我回首起來，可以有說不完的故事。

但瘋也要有個盡頭，感謝我那親愛的父親，永遠不放棄尋找我這迷途的羔羊。

他不厭其煩的找到我，當我逃走了，他再次的出尋，再次的苦口婆心，再次的用關愛的眼神，希望我迷途知返。

後來再次透過關係，他要我去臺中工作，同樣也是去糖廠，這回是透過一位警官關說而去臺中糖廠。做的是我熟悉的曳引機作業工作。這次我乖乖的去糖廠報到了，做了一段時間，之後接到兵單，就去軍中服役。退伍後，又繼續回到糖廠報到。也因為那裡離屏東很遠，我的哥兒們都找不到我，當年也還沒有手機，打去我家的電話都被父親過濾掉，從此，我擺脫掉那些狐群狗黨。後來再比較有聯絡時，彼此都已經是入社會的成年人了。

那一陣子，家裡也發生重大的變化。

大約在我高中畢業沒多久，家裡財務出了狀況。原來父親起的一個會，被人家倒會了，欠了一些債。當時家裡覺得老家不適合再待下去了，父親把在潮州的兩、三處房地產都處理掉了，轉投資到其他地方。

潮州只是臺灣一個偏遠的地方，那兒的房價當然遠遠比不上大都會，家裡賣屋的錢，後來分別在高雄及臺中買了簡單的房地產，高雄的部分，投資是失敗的，那時選在鹽埕區買一間很狹小的店鋪，樓上還有間也是很小的套房，父親的基本觀念是想要出租獲利。說來父親也還算有金錢頭腦，只不過這個投資物件是錯的。他原本看好那一區鄰近愛河，未來可能有發展，但實際上那一區原本是紅燈區，雖然經過大火後重建，也仍擺脫不了當地人的刻板印象。最終幾年後我們先處理掉店面，在大約父親晚年的時候，也把樓上套房賣掉了，所得還抵不上當年的購屋價。

至於臺中部分，後來則成為我父親以及我自己，成家立業的地方。包括我的愛情也是在那裡發芽茁壯，並孕育後代。

當年的觀念，要有錢就要有店，畢竟在沒有網路的時代，開店就代表賺錢。父親買的地點位在臺中的大里，當年因為資金不足，所以無法在臺中市購屋，大里是比較市郊的地方。無論如何，我們從此由屏東人變成臺中人。

在這裡，將要寫就人生新的故事。

但在談我後來發展前，先來談浪漫的，我的愛情故事。

當愛情來的時候

愛情。對我來說，曾經，愛情是個難題。

本性上我是個比較自卑的人，常常覺得自己一無是處。當然，我精神健全，沒有憂鬱症或者心理疾病，只不過，我覺得我的愛情比較晚熟。

然而，一旦找到了愛情，真愛將伴隨我的一生。

感恩我親愛的老婆，她無怨無悔的陪著我。從活躍人生，陪伴到我的輪椅人生。因為有她，我的人生路多了溫暖。

我的純愛時光

提起我的愛情，當別人可能國中時代就已經有純純的愛，我卻直到當兵退伍後，二十多歲了，才真正有了初戀。

其實，我當然在中學時代就已經情竇初開了，只不過，我的愛總是太清純，清純到無法激盪出任何的火花。

記得高二那年，我喜歡上一個女孩。那年代最流行的情歌是：〈你儂我儂〉（詞曲：李抱忱），我好嚮往歌詞裡：「把一塊泥，捻一個你，塑一個我，將咱兩個一起打破，用水調合……」那種「我泥中有你，你泥中有我」的情境。而我發現了一個女孩，正是我希望可以和她「你儂我儂」的對象。

那個女孩其實離我不遠，我天天都可以看到她。因為她班級就在我班級的隔壁，而她家甚至就在我家隔壁的巷弄。

止不住內心的渴望，我寫了一封濃情蜜意的「邀請函」，想邀她跟我一起看電影。害羞的我當然不敢當面拿給她，而是趁下課傍晚無人時，偷偷把信塞在她的抽屜裡。

其實塞進去的當下我就後悔了，因為我不知道如果她答應了，我該怎麼辦？不答應，我又該怎麼辦？

塞進去後，我甚至希望，那封信後來可以突然消失，例如被老鼠咬走了，或不小心被當垃圾丟掉之類的。

但當然我的願望沒有實現，因為當天放學我在家幫忙顧店，遠遠的，就看到我心愛的「她」，臉上帶著些許困惑，往我家的店走來。當心儀的公主出現了，作為王子的我怎麼辦呢？

我的選擇是——趕快躲起來。

天啊，這實在太丟臉了，我實在不知所措。

但我可以躲，當時也一起顧店的哥哥卻不可能讓我躲，他直接喊我：「阿弟耶！你的同學來找你喔！快出來見客啦！」

我只得紅著臉趕緊到店前面去。

然後我的她就對我說：「薛同學，這是你放我抽屜的嗎？」

我點點頭，眼睛不知該看哪裡。

「薛同學，你說要找我看電影喔！」

我再次點點頭。我的雙手在櫃檯下已經扭到快斷了。

「可是，我那天有事耶！」

我又是點點頭。

「不然改天再說吧！」

我繼續點點頭，連她已經走遠了，我都還在「點點頭」，兩頰燒到我覺得如果放支溫度計在我臉上，應該會立刻爆掉。

在女孩子面前很孬的我，其實在自己班上不是這樣的，我可是很酷的喔！我會蹺課，跟人家在外打架，還會抽菸、撞球等等，我會跟人家嗆聲，我很會逞英雄，在同儕面前，我還是「哥」字輩的人物呢！

可是面對女孩子，我就是不知道怎麼辦了。

直到高中畢業，在那段遊手好閒、四處闖蕩的日子，我在職場也遇見許多的女孩，當中當然有很多我心儀的對象，但我一次也不敢主動示愛。

記得有一回，我人還在潮州，可能剛和狐群狗黨鬼混完，內心還一團火熱，我騎著我最酷的光陽一百機車，路上看到一個女孩，那女孩就是我高二想追的那位女孩的好朋友，我們其實只算是點頭之交，但那天我一時興起，問她要不要看電影？沒想到那女孩竟然馬上答應說：「好啊！」然後換我楞在原地。

但女孩都說好了，我也沒道理不跟她約會，只好耍酷的說聲：「上來。」結果人家女孩子比我還大方，立刻攀上我的機車，坐到後座，雙手扶在我的腰上。我當下立即神經緊繃，也不知道該說什麼，就只知道催油門，先去電影院再說吧！

就這樣，當天我生平第一次約會，我和這位我「心儀的女孩的朋友」，兩個人從進場，沒有手牽手也沒有講話，就這樣靜靜的看完電影，然後散場後，我載她回家。過程中，除了「再見」

外，我一句話都沒敢和女孩子多說。

有時候我會想，若有時光機，我回到過去那個時間點，一定要重重的巴一下從前那個我的頭。「寶國，你到底在幹嘛！找個女孩陪你演默劇喔！」

這就是我的純愛時光。

認識第一個女朋友

我的愛情來得那麼晚，當然還是有原因的。

原因就是我的「先天不良」。

不單只我自認自己「要臉沒臉、要身材沒身材」，也包括在我成長環境少有同齡女孩可以「指導」。我沒有妹妹，我兩個同父異母的姊姊又都大我很多歲，我缺少和女生互動的實習機會。

直到我當兵回來，當時都已經年過二十五了，說真的我必須拉警報，在那個年代，男生到三十歲還沒結婚就已經很晚婚了，而我連初戀都還沒開始呢！這樣我怎會有未來？

於是，我先從學習開始。是的，追女友是要學習的事。

我退伍後，內心渴望的兩件事，也就是當時一般男孩渴望的兩件事：「成家」、「立業」。

工作上，我當時在自家開小客車租賃公司，算有立業了，但愛情上，我還沒有著落，於是就在書店買了本追女友大全，那年代，書店還真的有這種書。

所謂「書中自有顏如玉」，原來是這麼回事。我打開來，學習到很多的求愛「真理」，諸如：「不要擔心無法追到漂亮女生，其實很多時候女生太漂亮了，反倒大家不敢追。」、「被女孩拒絕不要傷心，有時候女孩子拒絕你只是一種矜持或一種試探。」

經過這樣的「自我進修」，已經拉警報的我，終於敢鼓起勇氣，主動去約女孩子了。

說真的，我終於明白國父孫中山先生所說「知難行易」的道理。我看完書後，第一次上場，就立刻成功了，我追到我人生第一個女友。

那時，我剛開小客車租賃公司沒多久，與在臺中糖廠開曳引車時認識的同事，晚上會邀約喝酒，假日一起去吃蜜豆冰，最遠也會去日月潭等等。朋友出遊，當時會玩一種聯誼遊戲，叫作「鑰匙遊戲」，就是由召集人，找來一群單身男女，男的騎機車，女孩則用抽鑰匙的方法，抽到哪支鑰匙，就上誰的車。

我就是這樣，認識小蜜。

記得幾年前，我連邀約女孩子都緊張到說不出話，但這時的我，已經經過訓練，沿路我就大膽的和小蜜聊天，聊到興起，我還會語帶調情，看對方也沒有不高興，我們就更是天南地北的聊。

那是我人生第一次，可以和一個女孩如此盡情的講話，從那天開始，我終於解開「不敢跟女生接觸」的心結了。

女孩啊！就是個內心單純充滿愛的生物，只要你善待她，那她可以回報你十倍百倍的溫暖。

那一次我和小蜜互動後，產生了一絲絲情愫，後來開始約會，那時心急想結婚的我，甚至把她當成是我的終身對象。

不過當時我的家人沒那麼贊成，而在我和小蜜比較熟之後，也比較冷靜審視我們的感情，我發現，其實我只是沉浸在「我終於交到女朋友」這樣的情境裡，但我真的那麼愛小蜜嗎？好像也不是。當新鮮感過後，我覺得我和小蜜，並不是那麼契合。

之後就隨著感情自然演變，我們慢慢漸行漸遠。現在回想起來，我仍非常感謝她，是她讓我開始對追求感情有了信心。

結束這段感情後，很快的，我又認識了我生命中第二位女朋友。

那段難忘的純純友誼

她是個漂亮女子，標準的瓜子臉，高高瘦瘦的身材，清秀典麗的她，就住在我家樓上，小我七歲，當年才高中剛畢業，她名叫麗兒。

在我那年代，開始有比較保護級的電影，有一系列電影《唐朝豪放女》、《殺夫》，女主角夏文汐是當時的紅星。麗兒整個人的外型就像夏文汐那樣，只不過，她是清秀版的。

她真的太漂亮了，換作從前的我，絕對不敢追，但自從看了那本追女大全後，書中不是說「漂亮的女子，其實可能別人反而不敢追」嗎？於是我就放膽嘗試去追追看。

沒想到，她真的答應了，並且感覺上，她本來就對我印象很好。這讓我當時很有成就感。

第一次約會，我沒什麼創意，選擇的還是「看電影」。

當戲院暗了下來，緊鄰我身旁的她，身上傳來陣陣女性特有的清香，我的心怦怦跳，但同時我也感覺到，她好像也很緊張。但我畢竟是男孩子，我覺得我該主動點，於是我就輕輕抓住她軟軟的小手。

霎時，我明顯感到，她的手抖了一下，就是傳說中所謂「電到」的感覺嗎？我輕聲問她：「怎麼了？」她輕輕搖著頭，但就算在戲院的黑暗中，我也看得出她露出嬌羞的微笑。那時候，我內心也充滿了戀愛的喜悅。

這一次愛情，我比上次更認真，畢竟，上一次是因緣際會認識的女孩，但這回是我第一次主動去追的女孩。而她的美麗，正是每個男孩夢寐以求的。

後來才知道，她其實早就注意到我了，當時我家已經在經營小客車租賃。她注意到我是個上進的青年，她曾在窗臺上看著我一個人努力的洗車。而她的家人，知道我們家有自己的事業，當時已擁有三十多輛車，也覺得這應該是個好對象。

只不過，凡事太過美好，經常伴隨著但書。這女孩的家人雖然不反對我和他們女兒在一起，但卻有個要求，因為家裡供她念到高中，如今好不容易畢業了，家人希望她能夠再工作一段時間，賺錢養家一陣子，也許七年後再考慮結婚，畢竟，當時那女孩的確還太年輕，還不到二十歲。

但就是這個「七年」沖醒了我。

一方面基於現實考量，我當時已經廿六歲，不能再等個七年；二方面我也想到，麗兒其實才是個剛成年不久的女孩，她那麼單純，且有她的家庭壓力。之後我們的感情昇華，我把她當成是個妹妹看待，我們依然是好朋友。麗兒還是我的鄰居，有需要幫忙的地方，我也願意幫她，就只是這樣。

結束這段感情，我才有機會認識第三個女朋友，也就是我現在的妻子，巧眉。

有一天夜晚，已經十點了，打烊時間，我照例做好打烊的工作，到處檢查一下，準備鎖門。這時候我感到身後有人，一轉頭，燈光照在一個秀麗絕倫的臉蛋上，正是麗兒她在那等著我。

我問她：「麗兒，妳怎麼了？」

她說：「寶哥，沒事，只是很想跟你講講話，你願意陪陪我嗎？」

當晚，我們就坐在一輛車上，公司的鐵門高高拉起，外頭的街燈照亮著我們面前的路，我坐在駕駛座上，麗兒就坐在我旁邊。我們就像剛認識般，聊著她的困惑，聊著人生的種種。啊！生命就是這樣，緣起緣滅，人與人相逢，有人成了過客，有人則在對方的生命裡留下一段。

「寶哥，你相信世間有緣分這種事嗎？」

「我相信，宇宙中有種冥冥的力量，聯繫著你我他以及全世界幾十億的人。」

在那個靜謐的時刻，全世界的人都已經睡著，天地間只剩我和她互相交談，心很平靜，沒有兒女私情，沒有非分之想，只有單純的心靈交流。那是我人生中至今難忘的一段經驗。

當時的我已經和現在的妻子交往，那天在車上，由有默契般的確認我們的感情就像哥哥和妹妹，然後聊啊聊，忘了時間，忘了外界所有的一切，忘了地球正在自轉。

忽然，有著光線隱隱在前方亮起，原來已是晨曦。

就這樣，不知不覺間，我和麗兒，從夜間十點一直聊到第二天清晨六點，在車上我們談人生談家庭談未來談宇宙，談到日出東方，然後彼此都被晨曦的美麗所震懾。

晨起運動的鄰居阿伯，散步到我們家門口，看到一輛車上，我和麗兒在車裡，他好奇的探過頭來和我們問候早安，眼睛卻賊滑滑的，像是抓到什麼祕密似的。

當然沒什麼祕密，只有一段純潔的友情。

到今天，麗兒還是我們的朋友，她的婚姻美滿，工作也很順利。

而我清楚的知道我人生最重要的伴侶，還是我的妻子。

找到我的終身伴侶

終於，我的妻子要登場了。

她出現在我二十六歲那年，當然，是我主動去追來的。生命中所有美好的事物，都應該要主動去追求。

那時，我和麗兒的愛，已經轉為兄妹之愛，我只把她當成一個妹妹般的好朋友。當然我還是想找個真正的伴侶。

有一天，我送我們公司的汽車去保養時，廠裡的老闆，用狡獪的眼神看著對面，「喂！寶哥啊！你有沒有看到，對面那裡有幾個妹仔，超正的呢！」

順著他的眼睛看過去，維修廠的對面，有一家廣告社。在那個還沒有網路，媒體也不普及的時代，報紙是人們最主要的資訊來源。而廣告社，負責報紙的廣告業務，當時生意興隆。

那位維修廠老闆，所說的「正妹」共有三位，一位據說是報社老闆的兒子已經在追了，另一個據說是廠裡公認的美女，是個身材嬌小，很有女人味，也懂得打扮的女孩。第三位，相較來說，初看比較普通，因為她比較樸素，但仔細看，卻又覺得有種端莊的氣質。

當維修廠老闆還在一旁讚美那個嬌小正妹有多漂亮的時候，我卻一顆心全部落在那位樸素的女子身上。特別是當她起身站立，走去櫥櫃拿東西時，遠遠看，她身材高䠷纖細，偶爾一回首，那個神情沉靜，卻又有種內蘊的力量。不知不覺我竟看癡了，直到我身旁的維修廠老闆推我一把，「喜歡，就去追吧！」

他以為我要去追那個嬌小女孩，因為據說那個樸素女子已經有男朋友了。但我卻是癡了心，就是要追那個樸素女孩。

「我要登廣告。」

明明當天其他桌都有人可以處理我的事，而樸素女孩正在忙。但我就硬指定要找樸素女孩登廣告。

「喔！登廣告，好，先生，麻煩你填這張表單。」

她的聲音親和，不是特別嬌脆，也沒有特別展現什麼女人味。但就是有種平凡中的魅力。我覺得，那種魅力叫真誠。是的，我覺得她是個真誠的女子，她忠於自己的感覺，我願意用一生投入那種感覺。

直到婚後，我才真正體會到，當這女子用全心付出，她是多麼的強大，她讓我從幾乎自殺的低潮中找到新生，伴我人生從谷底走向高峰。

而當時，我連她的名字都還不知道。

但我一定要知道她的名字，因為我是她的客戶，並且，我後來不斷的找理由登廣告。讓她知道，我就是要找她。這個樸素女孩，名字叫巧眉。

那天，巧眉下班後騎著機車出來，突然間，一輛車子擋在前面，車窗拉下，一個厚臉皮的男子開口說，想約她看電影。

當然，那個厚臉皮的男子就是我，而，我還是那麼沒創意，約女孩子只會想到看電影。

拗不過我的熱誠邀約，她終於答應陪我看電影。

之後一次約會、兩次約會，到後來，去找她就變成我固定的行程。她告訴我，她的確有個男朋友，但那男友對她並不怎麼關心，事實上，他們只差沒正式分手而已。

相對來說，我每天早晚都會出現在她面前，有時候開車，有時候一時興起，上班時間我會半跑步的過去，跑了大約五、六千公尺，只為去看她一眼。那時她就會白我一眼，用無聲的表情說「你這個神經病」，但眼角卻充滿了笑意。

每當看著她的笑，我就想，原來一個女子的笑竟然可以那麼的美。

不同於以往我認識的女孩，巧眉是個一開始就不刻意偽裝，因此也讓我看到真誠面貌的女子，不像很多女子化妝了是一張臉，卸妝又是另一張。巧眉，是個我每天見面，都發現有著不同美好的女子。我每天起床，都迫不及待的想看到她；迫不及待的想要牽著她的手，我渴望靠近她柔美的面龐。

相識一個月，我們已經變成可以緊密牽手在一起的伴侶。但總覺得我們之間像是少了什麼，還是有著無法確認最後是否在一起的不安定感。

那一陣子，我剛好比較忙，一方面，我心裡也在想到底巧眉是不是就是我的終身伴侶。二方面，我也不經意的依照那本求愛大全說的：「對女孩子，有時候要欲擒故縱。」

將近有一個禮拜，我沒出現她面前。

某天，當太陽西下，我看著夕陽，突然覺得內心好寂寞，好想有個她在我身旁。很巧的，就在那當下，公司員工跟我說，信箱裡有一封我的信，沒有郵戳，是親自投遞的。

我一打開，正是巧眉寫給我的信。裡面寫著：「昨夜你入我夢裡，因你深知我是多麼想你，在忙與閒之中，在醒與睡之際，在日在夜如你也有，這分悲喜與之的癡迷。」

我邊讀著信，一邊眼角已經流下淚來。我把信收起來，立刻往門外衝去。

「寶哥你要去哪，這個表單要你簽核。」後頭公司員工呼喚著我。但我頭也不回的邊衝出去邊說：「明天再簽，我現在有很重要的事。」

我一路衝衝衝，當我衝到廣告社時，夕陽只剩餘輝。而遠遠的，我看到一旁的路上有個瘦高的女子，靜靜的、落寞的往前走。

我高聲喊著：「巧眉，等等我。」

那身影楞了一下，轉過頭來，看到一個男子氣喘吁吁的朝她跑過去。

那年，我們結婚，巧眉終於成為我的終身伴侶。

青年創業尋大夢

經歷過一段不學好的日子，那時的我總像個不安分的野馬，到處奔騰，哪兒都待不住，工作沒定性。但我的父親總是耐著性子，希望抓住我這顆飄泊的心。

從曳引機到小客車

退伍後我就透過父親的關係，在臺中糖廠外包業者處開曳引機。這是種大型的機械車，在早年只有臺糖有能力引進這樣的機器車，因為採收甘蔗只有半年、休半年，於是糖廠就將這種工作外包出去，就像現在的ＯＰＴ。

這時候的我，也真的變得比較乖了。我的個性是非常守本分的，記得那個年代，臺灣經濟正在起飛，公司的獲利也非常可觀。公司裡有些員工就忿忿不平，認為公司賺大錢了，怎麼不分給員工一些呢？於是有人帶頭，想鼓動大家一起抗爭，爭取加薪。

但我卻覺得，公司已經算很照顧員工了，給我們的薪資也都還不錯，何必去爭什麼加薪呢？我對他們的舉措不是很認同，但也不方便與眾人作對，於是我就說我沒意見。

後來他們真的主動去找老闆，要求要加薪。看到眾人來勢洶洶，老闆就一個一個員工問，想知道大家的心聲？問到全部的人，都表示的確需要加薪，但當問到我時，我則表示我沒意見。那時老闆對我印象就比較好。有的人以為我是想討好老闆，但其實我是客觀的認為，老闆平日待我們不薄，沒必要一定要跟公司對立。

然而，蔗田的工作是有季節性的，大約每年有半年的時間是採收旺季，到了淡季不需要人，我就面臨失業了。由於老闆對我印象很好，想介紹我去他自己的另一個碾米廠房工作，但被我婉拒了。因為我有自知之明，在碾米廠的工作主要是勞力粗工，每天要搬一袋袋的米，我自忖自己又矮又小，胳膊細瘦，力不能扛，並不適合。即便老闆一直鼓勵我，他說身體較弱，練久了就會有肌肉，這種事久了就會習慣。何況等旺季到來又可以再開曳引機工作，但最終我仍沒有答應。

但是我又該何去何從呢？學生時代，我課業不好，也沒有什麼一技之長，那時雖然臺灣經濟起飛，百業待舉，可是就算商機處處，自個兒也得先有本事才行。本來想去考公務員，但以我當時的實力實在沒把握，考試更非我的強項。

最後還是母親給了我一條路。家中那時有一間店面，原本是出租給人家經營小客車租賃，母親看他們經營得非常不錯，覺得這事業可以做。就找我商量，一起協助家中經營小客車租賃公司。

興旺的小客車租賃歲月

那年是民國七十三年，我剛退伍。不在糖廠服務後，開始參與父親創立的租車事業。

提起那個年代，一般讀者可能沒什麼概念，但我可以告訴大家，臺灣的中山高速公路，是在民國六十一年動工，到了民國六十七年才全線通車。也就是說，一方面那個年代高速公路才通車沒幾年，車流量還不大，一方面經濟起飛了，民眾已有更多的休閒旅遊需求。明明已有現成的公路，卻很少家庭有車。因為那時候臺灣還在實施產業保護，汽車進口關稅很高，要課非常重的重稅。這樣的情況下，小客車租賃於是異常受到歡迎。

我們家那時店面是自己的，出租用車輛一開始只買兩部，但大約經營一年左右，就已經拓展到超過三十輛車。我們的客戶，包含因應商場需求，老闆或廠商代表要租車去接待外賓，或者出席重要會議。到了假日，則有小家庭租車做一日遊。就連平日，那些收入有限的工人們，也會幾個人合租一輛車，泡馬子，瘋夜遊。可以說，租車這行業，在當時正好站在最興旺的點上。特別是那年代什麼艾維士租車、和運租車等都還沒誕生。我們粗估每個月總收入，扣掉汽車貸款、以及各項營運成本，都還可以有三十萬盈餘。

當然我們不僅占到天時地利，更重要的我們也重視行銷。所以我們的業績，比之前租我家店面營運的那家小客車租賃公司還興旺。

加上，我是個很有企圖心的人，當兵回來後，有機會就會翻閱工商時報，特別會去關心人物專題報導，我很愛看那些成功人物是如何創業的故事，因此也從中學到一些行銷技巧。在我實地參與自家事業經營時，就應用了許多的促銷手法。

舉例來說，當時我就構想出，可以租十送一的活動，鼓勵客戶多多來使用我們家的車。更且我也懂得搭配時勢潮流，記得那時候有一部當紅的美國電視影集《霹靂遊俠》，影片裡頭那輛很酷的車可說是家喻戶曉，我靈機一動，如果大家都很喜歡那臺霹靂車，那我們何不自己也來創造呢？

於是我特地去百貨行，採購訂製了可以閃出紅色霓虹的紅條，那其實不是什麼複雜的科技，就只有紅光左右閃爍的功能而已，然而當我把所有車一字排開，展示在車場，每臺車最前面都掛上一條這種閃爍紅條，吸睛度自然驚人，當時也造成一股風潮。

除了靠這些行銷噱頭外，我們更且做到，車子每兩年就汰舊換新，我們總是提供最好的車給客戶，不只外表亮麗，內裡也絕不馬虎。我們營業成績優異，一點也不意外，但這麼一來，原先那家公司就氣炸了。畢竟，他們是最早經營的，沒想到我們把他們退租，然後自己做並且還變成他們的競爭者。

但我的父親很有意思，他原本就和那家小客車租賃公司老闆是老友，就算成為競爭者，他還是一天到晚過去泡茶聊天，對方也只能無奈搖搖頭。

我的夢想發表會

從經營小客車租賃中，我發揮了工作長才。但這時候我仍只是協助父親經營事業，內心裡，我仍然有著要自己創業的雄心壯志。

才二十幾歲的我，每天都有著天馬行空的種種創意，我仍然是那個愛作夢的小孩，只是孩童時代經常作的是天馬行空的白日夢，長大成人後的我則更希望築夢踏實。

有一天夜晚作夢，那個夢非常特別，我到今天都還記得那個夢境。夢裡我和妻子不知為何，在外頭搭帳篷露營，忽然間天上傳來一陣亮光，我們抬頭看，瞬間傻眼了，竟看到一臺小飛機飛到我們的帳篷門口，然後我們的一個朋友走下飛機跟我們寒暄。

這個夢太奇怪了，畢竟我們日常生活並不常看到飛機，事實上，那時的我也還未曾搭過飛機。何況，夢裡的飛機是臺「小」飛機。

一般人作夢醒來不久就忘了，但我卻對這個夢特別執著。我還記得當我夢醒天仍未亮，我卻好像被上天啟發了什麼似的，腦筋就亮起一個念頭，我們可以做一個大型的遙控飛機，在風景區搖控，讓人們坐上去看風景收費賺錢。興奮的我當下還搖醒身旁的老婆，告訴她我這個偉大的創意。她只是睡意惺忪的推了我一把，倒過頭繼續睡。

然而這個「飛行夢」已然深植我腦海，我直接聯想到的，不是有種遙控的小型飛機嗎？那種只是單人操作的玩具，但如果這個飛機可以「坐人」呢？所謂大型的遙控飛機，就是人坐在裡面，有人在底下遙控，讓他們可以翱翔天空。

當然直到二十一世紀的現代，美國已經進化到有隱形無人機了，但都是軍事用途的，並沒有觀光用的遙控乘坐機，只有真正飛行員搭載的觀光客機。更何況我作夢的那年是民國七十六年。

然而我實在太興奮了，就好像我想到一個超棒的生意點子，很想跟家人分享。我的哥哥那時在國防管理學院服務，那是個上下班單位，休假日他也常回來和家人一起吃飯，我作夢的隔天，剛巧哥哥也在場，我於是就興匆匆的把我那偉大的創業點子在飯桌上和大家分享。

當我還在興高采烈描述那飛機可以怎樣怎樣的時候，突然間，啪一聲，哥哥重重的把筷子打在桌上。然後在一桌眾人愕然的目光下，哥哥喊聲：「報告，我們家這個弟弟，已經發瘋了。」

大家一開始都楞住了，接著就一起大笑，包括我老婆也跟著笑。我哥哥還刻意用嚴肅的表情對著我老婆說：「妳還笑？妳還笑？妳老公都已經發瘋了，妳還笑？」

就這樣在笑笑鬧鬧中，結束那次的「夢想發表會」。

飛行夢可以成真

一個很天馬行空的想法，完全沒有人覺得有實現的可能。但當時我真的非常執著，想方設法一定要看看看這夢想可否實現。

現在想想，如果當時我不那麼執著就好，那麼也就不會有日後我半身癱瘓的慘劇。

但命運就是如此，我如果不是那樣的執著，又怎能在後來創立協會幫助人呢？

總之，雖然在餐桌上被嘲笑，飯後我還是拜託哥哥幫我找找看有沒有這類的資訊，畢竟哥哥是在軍中服務，在那個年代，軍中是科技資訊最領先的地方。

然而，在我哥哥那邊還沒傳回任何訊息前，上天卻派另一個人傳遞訊息給我了。

那個人就是我的兒子。原來有一天，我的小孩貪玩，不小心把玻璃杯弄破了，滿地的碎玻璃一旦扎到人就很危險，我趕忙去找一些舊報紙，想把這些玻璃碎片包起來。但真的非常的巧，我拿起其中一張報紙，標題赫然是：「國人自行開發設計，飛行不是夢。」

我當場屏氣凝神的看完那篇報導，原來我夢中的場景真的可以實現，雖然不是我當初假想用「遙控」的，但結合飛機與民眾觀光的概念卻是一致的。並且地點也不遠，說是在中部一帶。原來那年是民國七十六年，就在前一年，臺灣戒嚴法解除，於是許多以往被禁止的，從這年開始都紛紛開放，一時臺灣各行各業百花齊放的感覺，也就是在這樣的時空背景下，有腦筋動得快的業者，已經開始經營觀光小飛機事業。

我簡直按捺不住內心的興奮，心中想著：「你看你看，我就說真的有這種飛機吧！還笑我呢！」直到隔了兩天，哥哥從軍中回來，我迫不及待的把這新聞拿給他看。

哥哥看了點點頭，然後他反過來對我說：「既然你都找到了，你就去看啊！還等什麼？」

我就回說：「我不知道確實的地點啊！」

哥白我一眼，「不知道不會用嘴巴問喔！」

我也突然想到，「對喔！可以直接問啊！」當下我就打電話到工商時報，問明那則新聞報導的地點。隔天，我們一行四個人，我和我的老婆以及母親及哥哥，開車到那家超輕航機場場地。

當年那個場地是在彰化芬園，業者把一塊田地推平，作為跑道及停機坪，也規畫了簡單的民眾集合區，我們在那邊看著飛機真的可以載著民眾在天上翱翔。而就在現場，我們聽到一旁的民眾在聊天，說在草屯雙冬那邊也有一個超輕航機場，聽說是知名藝人白嘉莉的父親經營的。

於是我們也驅車去另一個場地看，當下也看到小型飛機在那起降。他們還取了一個名字叫「Feeling Fly」。直譯為「感受飛行」，現場工作人員還跑來說服我們，想不想「Feeling」一下。

那時我的心中，就是有一股熱流，是了，我要投入這事業。

開始學飛行

飛行的夢很美，但飛行的價格卻很不親民，那天在輕航機場，工作人員鼓勵我們飛一飛感受一下，但問起價格，飛一趟十五分鐘，竟然要價一千五百元，以當時的物價對照現在來看，約當於現在的六千元臺幣以上。

這種價格，我的家人都捨不得搭。但我例外，畢竟我是想要創業的人，於是就只有我一個人登上飛機。

說實在的，對一般人來說，那應該是有點可怕的經驗吧！畢竟許多人連搭大型客機都會害怕，更何況是搭這種輕航機。但我抱著圓夢的心情，一心想要感受飛在天空的感覺，一點都不害怕。看到飛機從平地飛起，離地愈來愈高，之後翱翔天際，我們順著溪流方向前進，看到水流與平原都在遙遠的下方，我們已經高高在上，飛行員問我怕不怕，我回答說，不怕。於是飛行員又試著做出更刺激的動作。

當飛航終於結束，等待在地面的家人，問我感覺如何。我回答說：「很好，這個有賺頭，我一定要來從事這行。」我當場還分析給家人聽：「你們看，我們做汽車租賃，車子一天讓人租用

成，如何分工找場地。當場地覓得後，要有一個人專職經營，我也自告奮勇，身兼現場教練，其他兩人可以兼職方式，平日仍忙著他們自己的事業，可能假日時段再來幫忙。當然，我們也會聘請相當的工作人員，如維修機務人員及會計等等。

在正式創業前，我們也經常開會，我們投資場地，也集資買了飛機，光飛機的費用就十分驚人，一架是六十萬。共買了三架。

對於經營的理念，我們當時就有強調，雖然飛機本身可以做出一些高難度，包括失速倒轉、高空俯衝、貼近地面低空飛行……等等，但這是我們自己的飛機，能不做危險動作就不做危險動作。我們的經營方式，要穩穩的就好，不需要搞特技花招。

其實關於開業的時間，當時大家的意見也不一致。他們兩人比較迷信，講究看吉日那套，但我比較務實，覺得可以賺錢就要趕快賺。我們籌備的時候是民國七十七年底，隔年一月已經大致準備就緒，但他們選的日子比較後面，我就質疑，春節就要到了，春節正是大家最愛花錢的時候，不趁著春節賺，為何還要拖到年後呢？

他們想想覺得我說得有道理，於是我們就決定在民國七十八年農曆的大年初一（國曆二月六日）開張。

這個決定果然是對的，開幕當天生意之興隆的，現場滿滿的排隊人潮，我們選的場地距離烏溪橋很近，當年中投公路及74號道路尚未開通，要到南投埔里等觀光景點，一定會經過烏溪橋，所有經過橋上的人都可以看到我們的飛機在飛行。橋邊因此也站了滿滿的人潮，看飛機成為春節新興的景觀。

人潮代表錢潮，我們幾個創業夥伴都樂翻了。這一樂，不免就得意忘形了，明明說好穩穩的飛，不要搞噱頭。第一天，大夥還乖乖的，但才第二天，就有夥伴開始做危險動作，可能因為因此得到了掌聲，他們更形得意，結果他們兩個都這樣做，只有我依照承諾穩穩的飛。

大年初四的時候，我的老婆帶著我的兩個孩子來看我，那時我們一家人還在輕航機旁合照，實際上那也是我唯一的一張跟家人和輕航機合照，當時的我不知道，以後我再也沒機會拍這樣的照片了。

初四和家人合照完，隔天是大年初五，也是春節最後一天。可能收假時間到了，中午過後人潮明顯開始減少。春節檔期已到了尾聲，我問問會計，這幾天共營收多少，答案是六十萬，幾乎就已經把我們買飛機的成本賺回來了。這還只是觀光部分，我們都還沒開始收學員呢！若將來再收學員，那獲利更可觀了。

我心想，要不是我想出這創業點子，大夥怎會有錢賺。當時籌備期問我們一起約束好的事，大家都不照做，心中抱持著一點點怒氣，中午看著人潮變少，我就跟我們維修機務說：「走，我們上去飛一下！」心想我的飛行經驗比他們都豐富，讓你們瞧瞧真本事。

就這樣，我們的飛機迎風飛起，陽光下，我的臉浮起微笑，我想讓大家看看什麼叫真本事，於是開始在天空中，展現不同的特技。

最後一個翻圈，有些失速，我又再翻一圈，到翻第三圈時隱隱約約有聽到坐在我旁邊載的機務在喊：「不要再翻了，危險啊！」

然而當我聽到這句話時，已經來不及了，飛機已然失速摔在河床上，我只記得危急時刻我把飛機撞地的位置儘量朝自己的方向靠。事發只在一瞬間，我當下就已經不省人事。

事後才知道，飛機整個撞進河床後，當下變成一團廢鐵，而我這個駕駛像一本書一樣，整個人被「折」彎起來。至於坐我旁邊的機務，因為不是直接撞擊點，大腿骨折，後來休養了一個月。至於我，整個人折成那樣，自然事情嚴重了，我雖撿回一條命，但下半身終身癱瘓。

我永遠記得，那年是民國七十八年，國曆二月十號，農曆大年初五。

PART 2
療傷復健篇

深深跌落，勇敢站起

原來，世界可能一夕間變了顏色，
原來，我以為可能的永遠，不一定可以真正的永遠。
原來那所有習以為常的生命點點滴滴，
一點都不平凡，生命非常非常的難得。

後來，
我終於認清事實，
所有傷悲都及不上眼前我所要踏出的第一步……

病床上淚流滿面

意外發生了。所謂意外，就是完全沒有先兆。前一秒鐘還在想著，現在可是春節的最後一天，要好好的抓住節日的尾聲，讓這次的進帳金額更漂亮。下一秒已經……已經是另一天了。

也許昏迷是好的，至少不用承受那剎那難以想像的疼痛。然而，等在後面漫長的痛楚、不便、失能、難堪，卻是讓人不知道該如何經年累月的承受下去。

我不想耽誤妳的青春

大年初五怎麼結束的？整個春節怎麼結束的？

我完全不知道。

當我醒來的時候，已經躺在病床上，並且我第一個感覺就是「沒有感覺」，怎麼了？我的身體不聽使喚，原本視為理所當然歸我意志掌控的驅殼，今天好像變得完全遲鈍。

樂觀的我，當下沒想太多，直接的念頭就是，我受傷了正在養傷，身體還未康復當然移動不便。所以當醫師過來探床的時候，我還天真的請教：「醫師先生，我大約哪天可以回復正常，身體可以動？」

心中預估的答案是一天兩天至多一星期，沒想到醫師皺著眉頭想一想，回答竟是「要等」。

等什麼？

他說：「等奇蹟。」

醫師說大約要等半年。但不是指半年後才恢復。是指半年內看會不會有奇蹟？如果半年後還是沒恢復，我就「終身」都得這樣。

我整個人震懾了，這不但是超乎我預料的答覆，並且已經超過我內心可以承受的程度。我這個二十九歲的堂堂男子漢，當下陷入全然的無助。我從來不知道生命是如此的脆弱。我躺著哭得不能自己。

要知道，那還是民國七〇年代，之前我也從未聽過脊髓損傷這類的名詞，就好像一個住在地球上的人，有一天忽然被超時空轉移到月球上，所有的過往經驗都不能適用。我完全不知道該怎麼辦？

所謂全然的無助，就是這種感覺，比迷路還糟，比破產還糟，比連輸一萬場比賽都還要糟。

我根本連動都不能動。那活著還有什麼意思？

是的，以前從來沒有想過自殺，但當下我真的覺得，自殺是諸多選擇中比較合理的選擇。問題只在於我根本連動不能動，連要自殺也難。

我的老婆一直陪著我，她與我淚眼相望，用湯匙舀稀飯一口一口餵著我，我用哭到沙啞的聲音，虛弱但嚴肅的說：「巧眉，我這輩子完蛋了，趁妳還年輕，我不想耽誤妳青春，我們就這樣結束吧！」

我老婆狠狠的瞪了我一眼，罵道：「你到底在說什麼啊？嫁給你，就是要一輩子跟著你，你不要再說什麼傻話。」

我只是用無助的眼神一直看著她，虛弱的說著：「妳願意嗎？妳真的願意嗎？我已經受重傷了，禁不起將來二度的傷害。」

我老婆一點也不猶豫的說：「你別胡思亂想了，我是你老婆，永遠都是你老婆。」然後邊哭邊繼續餵著我。

那一年春天正要來臨，但我的人生似乎再也看不到春天了。

如果不想死，那就好好活吧！

人就是這樣，習以為常的日子過習慣了，一個風暴襲來，會變得不知所措。聽到我將終身不能動，也就是所謂的癱瘓後，我完全失去了活力，只是躺在床上任時光流逝，心如槁木死灰。

每當吃飯時間到了，我老婆就把我的床搖起來，然後一口一口餵我吃。起初，因為我心情尚未恢復，完全就像植物人般被動的受人照顧。後來老婆在我接受噩耗一陣子後，有一次餵飯時跟我說：「你要不要試著自己端？」

像發現新大陸般，我突然發覺，對喔！我上半身還可以動啊！

由於當時重傷送醫院，我接受輸血以及營養劑輸送，全身受制於點滴的管子，並且還打有麻藥，所以整個人都不能動。但實際上，我雙手是可以動的。

而當我聽到我老婆堅定的表達，她會一直守候著我，當下我內心也立刻壓滅想要自殺的念頭。相反的，我內心暗暗立志，若有機會，若上天願意再給我機會，那我這一生絕對不要辜負我的老婆。

原本心中對於未來的發展只有兩條路，一條是當時曾經很想做的，也就是自我了結，一條就是相反的，若上天還願意留我，我就好好的活下去。

既然，還重傷的我，什麼也都不能做，躺病床上的歲月，我就不斷的閱讀，有機會就跟醫師或護士請教有關癱瘓的種種訊息。那陣子，我把金庸小說《倚天屠龍記》讀過一遍，邊閱讀小說，也邊感受到各種人世無常，金庸書中描述的各種愛恨情仇，以及爭權奪利等種種，在那段時日也特別有感觸。同時間，我也變得比較深思熟慮，從小本就很愛幻想，愛作不切實際白日夢的我，這時候轉為深沉，靜下來好好思考人生，我回首從前的種種，既有感傷，也有警醒。

最終我的一個覺悟，要活，就努力的活吧！首先，第一要務，就是要「改善」我的現況。最佳的狀況，當然是能夠治好身體，如果實在不能，至少也追求在可能範圍內，讓身體可以達到的最好狀況。就算動作緩慢，也比完全不能動好。

也就是在那段時日，我廣泛吸收了各種醫療的資訊，也才認識很多從前完全不知道也不關心的保健和復健知識。

哪裡有希望，就往哪裡去。西醫中醫各種偏方，也都會去了解，包括電視上看到，有人頭皮上插滿針，一般民眾看了覺得不忍卒睹，我卻覺得只要可以改善身體，要我全身各處都插針我也願意。後來我也真的循線，由家人陪我去針灸。

接著又聽到有一位張國華醫師，聽說是脊髓方面的權威。經常去國外講學，人家醫師去海外通常是上課接受更先進的研習，但這位醫師去海外卻是教導外國人，這樣的人可說是臺灣之光，如果有這麼醫術高明的人。我自然要去求教。並且還有一個我當時一定要找那位醫師的原因。

原來那醫師根本不在別處，他就在我如今住院的這家醫院。我當時住在國軍八〇三醫院，當我一聽到有這樣的醫師，立刻要求要讓他幫我開刀。這是我當下抓住的一線生機。

請為家人好好活下去

人的一生，好好的，誰都不想要輕易動刀，我都已經動過一次大手術，勉強救回一命了，現在，還想要開一次大刀嗎？

當家人詢問我的意見。我的回答是，趁現在意外發生還沒有很久，若身體還有救，也就是這段時間了，拖愈久就愈沒希望。如果那個醫師被稱作是權威，那麼就是上天給我的一線生機。我跟家人說，如果連這位醫師都無法救我，那我就會真的死心。

於是，當下簽了手術同意書，排好時間我再次要送手術房。

後來，終究我已經嚴重傷到脊髓，終身都必須坐輪椅。說失望當然還是會有，但因為內心已經設立了底線，如果沒治好，我會心甘情願的朝復健之路走，因此，我雖難過，但沒難過太久，在家人陪同下，積極的尋求更好的生活模式。

話說回來，當時我在醫院也看過很多重傷的人，他們初始和我一樣對各種奇蹟抱著希望，然而他們太專注在那些希望了，乃至於一直困在那裡，一困就長達兩、三年以上。我知道有的人，開刀不只一次，或者整個生活就投入復建，內心總抱著總有一天奇蹟真的降臨。但奇蹟真的很少很少，他們逝去的不只是光陰，還有家人的耐心。當一年、兩年、三年這樣的坐吃山空，不只家中經濟會被吃垮，身邊的人也終究無法忍受而一一離去。

我有自知之明，當我再次手術，再次確認我就是下半身無法動彈後，我就決定接受這個現實，並且在這樣的前提下，盡可能追求生活的美好，這是我對老婆的承諾，也是我對自己的人生負責。

而當我第二次開刀完後，其實還發生了一段插曲。

第二次刀距離第一次開刀大約一個月後，曾經手術過的身體本就虛弱，開第二次刀風險更高，當我麻醉藥退了後幽幽醒來，人躺在加護病房。

我的第一個感覺比第一次手術還糟，我感到非常難受，因為我快不能呼吸了，可是全身無法動彈，上回開刀時至少我還可以好好呼吸，這回我卻帶著氧氣罩，每吸一口氣，就像是困躺在淺灘上的魚般，掙扎在生與死之間。

我當時的念頭是，慘了，開刀不但失敗了，並且變得更糟，我是不是根本就已經變成植物人了？

在氧氣罩下掙扎，張口想要呼喊，卻發不出聲音，我難過到不停流淚，想要求助，但可能是因為加護病房本就重症的人比較多，醫護人員並沒空特別來關照我，沒人替我翻身，甚至也沒人跟我解釋狀況。偶有醫師來到我旁邊，也都是他們自己在交談，說些英文術語，我完全沒辦法瞭解自己處在什麼狀況，比上一回更加求助無門，我有著前所未有的害怕——救救我啊！我快死在窒息裡了。

終於家人進來看我，因為是加護病房，家人只能進來探望一下子，我拚盡全身力氣，告訴我的老婆，我很痛苦，這回我真的承受不住了。我無法表達太多，只能用恐慌的表情，及虛弱的語句，傳達我想要咬舌自盡這樣的念頭。

隔了很久，像是天荒地老那麼久，終於再次等到下一次家屬可以探望的時間，我老婆又進來看我了，這回她手上拿著一張便條紙。然後淚眼婆娑的看著我，當時我自己也不斷流淚，我覺得我的人生真的已經要走到盡頭了。

後來我打開那張紙條，上頭我老婆的字跡寫著：「寶國，你一定要堅強的活下去。為了我，也為了我們的孩子。」

我只有不斷的哭泣，在氧氣罩下，點著頭，好吧好吧，為了親愛的家人，我願意再撐下去。

似乎是意志力發揮效果了，還真的，我覺得呼吸愈來愈順，到後來已經可以把氧氣罩拿掉，甚至後來還轉到普通病房。而醫師自始至終都沒跟我解釋為何當時我會呼吸困難。

我後來想想，應該是我剛手術完，全身麻醉藥效還沒完全退，所以胸肌無力之類的，因此呼吸比較困難。大概是這樣吧！總之，我的手術結束，宣告仍無法改變我下半身癱瘓的狀況。

但那一次的互動，讓我更加珍惜我和家人的愛。我終身感激我的老婆，巧眉。我發誓一生一世要守護著她。

人生總有更好的可能

我在醫院住了一段時間，之後出院，也持續蒐集中西醫及各種草藥的知識。但內心知道，這些都只是參考，我當時最需要的不是這些書。

那我需要什麼呢？

剛好，那段期間，我的二姊帶了一本書給我看。那其實也不是書，而比較像宣導小冊子，但談的內容很多樣，都跟像我這樣的脊髓損傷相關。這冊子談到各個受傷部位的脊髓損傷者，坐輪椅時如何應付有關生活上食、衣、住、行、育、樂……等日常作息，如何在不麻煩別人的情況儘量自己動手做事。這冊子甚至還談到有關脊髓患者的兩性關係；原來，就算是身體癱瘓，也還是可以有性生活；總之，就是一本教我們這種患者如何過生活的冊子。

除了閱讀外，當我身體可以動後，我也試著坐輪椅去其他病房和別人交流；我想知道，像我這樣的狀況，其他人遇到了，他們是怎樣走過來的。當時我接收到的訊息大部分是負面的，一個個都是悲慘遭遇，十個人中有八、九個是離婚以及家庭破碎，乃至於工作上難以發展，還有男女朋友分手等等，至於夫妻就算沒有離婚，也都已經變得貌合神離，反正，對他們來說，發生意外，不只是「不幸」而已，而是「一連串」不幸的開始。

如果都是這樣負面的回饋，那我大概很快的就會覺得人生黑暗無光了。幸好，也有正面的例子，例如有一位積極做復健，當時已能用枴杖行走的人，他常鼓勵我，他說他的家人也都還很愛他。我問他：「那你的未來怎麼辦？」他告訴我，他還是可以工作啊！他家裡開的是水電行，他仍然可以經營他的事業。同時他還告訴我，像他這樣的人「很多」。

很多？但是在哪裡呢？於是他告訴我，其實在北部有個復健中心，在那就有很多人坐著輪椅，一樣也是可以走出自己的人生。

「復健中心？是指可以讓身體好起來嗎？」

「不但能讓你身體好起來，也能讓你生活好起來。當然，所謂好起來不是指你的身體康復，但至少會讓你『狀態』變好。」

他還強調：「如果你還不求改變，那就只能一輩子依賴著病床直到老死。但我們可以突破這樣的情況，我們依然可以走進大自然，走進人群。」

因為聽了他的鼓勵，我才知道可以去臺北林口長庚醫院做復健（當時中部尚未有附設復健中心的醫院）。

這在當時也是比較大的決定，原因在於當年交通沒那麼發達，莫說高鐵，連一般公路交通也不便，更何況我這樣的脊髓損傷者，要大老遠去北部，並且去了也不代表身體會康復，那真的需要一定的意志力才堅持下去。

還好我的家人都支持我，但當時我比較擔心的是兩個幼兒要如何安置？結論是，一個交給我母親帶，一個是岳母帶，然後我的老婆就陪著我北上。

即使有家人全力支持，復健也是一段艱辛漫長的旅程，一般人可能以為，下半身不方便，反正坐輪椅就好了。但「坐」輪椅簡單嗎？一般正常人可以試試，如果自己長時間坐在椅子上不動會怎樣，好比說去看電影，如果片長兩個多小時，坐到最後，許多人也會屁股痠痛，需不停的挪動，更何況是坐輪椅，座位狹小且必須處在移動的顛簸中。

當時我剛開始接觸輪椅，真的是連「坐」都不會坐，有種痛叫作神經痛，那種痛是一般人難以想像的，有的人有坐骨神經痛，我們的痛比那種還難受。總之脊髓損傷者，就是與痛相隨。坐著痛，躺著痛，半夜會痛，不明狀況的時候也隨時會痛。

但再痛也得迎向人生，就這樣，我老婆帶著還在練習如何坐輪椅的我，包救護車（因為那時候還沒有復康巴士，也不知道自己能否久坐）北上長庚醫院。

找出求生的動力

說起來，我們人也很奇怪。

當絕望的時候，可以覺得萬念俱灰，想要放棄一切，那時候，隨便一個孩童都可以推倒一個已經放棄自我的成人。但當有了信念，又會燃起強大意志力，所謂人定勝天，很多不可能的事，都可以變成可能。

這就是人之所以是萬物之靈吧！

無論如何，我曾經有段時間想要輕生，整個人異常脆弱。然而一旦我決心要好好活下去，生命一下子又充滿了種種可能。

從操練中，培養自力更生能力。

我在老婆陪同下，北上到林口，也的確在那裡，又拓展了我的眼界。

除了醫師本身的復健智慧分享，更重要的是，我在那看到許許多多和我一樣經歷不幸的人，但他們都能透過種種方式，堅強自己，也設法改變及提升人生。

在那邊我才知道，原來像我這種情況的人，並非孤立無援，居然還有專門的「脊髓損傷者聯誼會」，原來脊髓損傷也有一個族群，也是那時才知道，全臺灣有這樣困境的人很多，而就算是脊髓損傷，還分成不同等級。

就像陶淵明的那篇《桃花源記》般，我初始被困在一段黑暗的道路上，可是一出洞，豁然開朗。我變得迫不及待想要去接觸各種可能。

在復健中心，我也看到各種的復健。一個人的肌肉需要訓練的，平常人可能沒注意，我們日常生活中的動作，依賴全身的肌肉張力，如果少掉那些力量，例如像我們的情況，下半身沒感覺，那麼很多動作無法做，因為光靠手臂力量是不夠的。

當我們看到小兒痲痺患者，可以穿鐵鞋，兩手拄枴杖行動雖緩慢，但基本上可以自行移動，但一般人若試著不靠雙腿，單靠兩枝枴杖，未經訓練無法靠拐杖支撐行動自如。因為前者已經有從小到大的肌力訓練，後者不但缺少訓練，並且雙腿也已經發育完全變得太重，雙臂無法負擔。所以像我這樣情況的人，必須坐輪椅，而無法拄枴杖，這也是我後來才知道的。

雖然無法拄枴杖，但肌力訓練是一定要的，才有力氣做各種動作，當我們可以做的動作愈多，就表示我們愈能夠不要勞煩到別人的獨立生活。

後來我已經做到不但可以自己行動，要從臺中到臺北開會甚至一個人出國都沒問題，我還能夠自行開車，並且開車前後，我都要一個人靠自己的臂力，把輪椅舉起來放進車內。這些臂力都是逐漸鍛鍊出來的。這就是復健中心帶給我的啟發以及後來的訓練。

那過程自然是非常辛苦，光是做復健，我每次要忍著全身抽痛，把自己撐起來就是苦差事。起初，我一撐起才幾秒，就被自己的體重壓得受不了，整個人又跌坐下去。

除了「撐起自己」這件事，我們還要做到的一件事，對一般人也是稀鬆平常，但對大部分重病患者，不只是像我這樣的脊髓損傷者，包括其他重症需長期躺病床的人也一樣，那就是：翻身。

翻身看似一件小事，卻成為重病患長期的苦處。我在初始還沒復健前，翻身這件小事，都需要靠老婆幫忙，翻身也許只要幾秒鐘，卻苦了我老婆一個晚上要起來至少四、五次。我們可以自己試試，要我們每兩個小時就要被鬧鐘叫醒，那是多麼痛苦的經驗。但卻又不得不翻身，因為不翻身的話會得褥瘡（得了褥瘡需要比常人花二、三倍的時間才能痊癒）。

在復健期間，有一次老婆幫我翻身，一翻過來我面對她，剛好看到她的鼻血像流鼻涕一樣流了幾滴下來……我止不住內心的疼痛，可以想見當時她的壓力有多大。感恩我的老婆，無怨無悔的付出，我當時最快的報答方式，就是趕快學會自己翻身，當臂力及技巧鍛鍊好後，我就能夠自己翻身。

真正的活在當下

以前聽到哲人講起「活在當下」，都只覺得，那是一句沒什麼概念的勵志語，反正就是「把握現在這一刻」的意思嘛！大抵就是學校老師教我們要珍惜光陰那類意思的話。

但當我受傷後，才真正體會何謂「活在當下」。

如果當你每做一件事，都要花比一般人更多的時間，那麼，你就真的必須要很專注於手邊正在進行的事。

各位讀者可以想想，日常生活中有多少事，你是自然而然不當一回事就完成，可能要你回想，你都想不起你怎麼完成的。有時候會養成了疏忽的習慣，一但輕忽變成一種心態，乃至於父母親叮嚀時，就會當作耳邊風；碰到什麼宣導或者新知，也習慣性的過目「即」忘。人生總有更忙的事要做，前面總有什麼等著你去做的，而每一個「現在」都好像只是前進到「未來」的過渡，不被真正重視。

受傷帶給我最大的影響之一，就是讓我被迫好好珍惜每件事。就以最平常、一般人根本不會特別注意的「穿褲子」這件事來說吧！褲子應該怎麼穿？這還要問嗎？雙手拉開褲頭，兩腿分別伸進去就對了。但對半身癱瘓的人來說，這卻儼然是件大工程，如果不想讓人服侍，那就要想辦法單靠兩隻手把褲子套上去。這件事有多難呢？各位讀者可以試試，讓你的雙腿及臀部「完全不能動」，然後你要設法把褲子從腳底套到屁股，你看你做得到嗎？

就是這麼簡單的一件事，許多人甚至可以練習到哭。因為真的對半身癱瘓者來說太難太難了，一般來說，好不容易做到熟練的人，可以躺在床上用毛毛蟲蠕動的方式穿上。但我不想要只是這樣，畢竟，穿褲子是每天要做的事，不只起床，一般日常生活例如如廁完，也是要穿褲子的。我要練習到就算坐在輪椅上，也可以穿。為了這件事我練了多久呢？真的是練到滿頭大汗，氣喘吁吁，包括復健師在旁協助，還是搞不定穿褲子這件事。後來終於抓到竅門了，必須靠臂力，加上身體抬高時藉助地心引力，用身體本身重量「投進」褲子裡。

如果當穿褲子這件事都可以那麼費力，生活中許多大小事，那必須如嬰兒般重新學習，過程中也必須重新思維，很多事情，因為障礙得以新的角度看待世界，突然之間變得很新奇。

前面也曾說過，一些看似小事都有可能演變為大事。例如就臥病在床的人來說，常見的褥瘡，卻經常變成困擾當事人及家人最煩惱的事。我認識一個病友，他曾經有長達九年的時間，天天要擦藥，不誇張，他身上的那個褥瘡，像是永遠不會癒合的洞，外表雖小，但天天要擦藥，困擾到讓人覺得人生實在沒有什麼意思。偶然有個機緣，跟其他病友聊，並有提醒他可能看錯科了，不要一直只看皮膚科，試試復健科吧！對復健科的醫師來說，褥瘡是很常見的病。結果他換了復健科看診，醫師不是在皮膚上擦藥，而是用沾藥的棉花棒插入傷口洞裡，結果十幾公分長的棉花棒整枝沒頂；原來褥瘡表面上洞很小，內裡卻已經爛成一片，後來經轉介整型外科，動手術才治好困擾九年的痼疾。這些，也都是我脊髓損傷後，慢慢才知道的醫學知識。

類似這樣的大小事，我發現，重傷後我雖被迫困在一個半癱瘓的身體裡，但身體的困境，反倒促使我更用心的，重新以不同的角度看待這個世界；包括我的行動不便，多多少少家人承擔了我生活上的不便，讓我發願我要對我的家人更好，甚至包括我願意試著去多接觸陌生人，了解大家的想法。有時候，我發現人生真的像進入另一個新階段，我的生活模式及思維完全都改變了。

也就是在這樣的心境下，我從過往一個沒什麼人生大目標，只管做好自家工作的人，現在變成開始用心去想，像我這樣的人還可以對這社會有什麼貢獻？

轉換思維，困境中也能有開創

如何幫助他人？或許那些成功的企業家前輩，可以給我指引。

當我在林口長庚做復健的時候，每天有滿滿的行程，我變得比較積極進取，也喜歡與人聊天吸收資訊，有時候早上職能治療、下午物理治療，老婆也會陪著我復健，偶爾還在醫院裡的戲院看電影。但更多時候，我喜歡透過聽人講話來學習。

那時我聽到了一些跟長庚醫院創辦人王永慶先生有關的故事。長庚醫院，總是提供最好的藥，最好的治療，希望病人可以早早出院。據說從前，醫院的醫師及管理幹部們，曾經為了醫院經營的方式而開會，醫院畢竟不是慈善機構，也要有盈利才能生存，因此當董事長王永慶，布達要大家用最好的藥，就有人提出異議，用最好的藥，那就代表著醫院的成本增加，讓病人早點出院，病人住院的時間變少，那就代表著收入減少。給病人最好的藥，雖是美意，但一方面成本增加一方面收入又減少，久而久之醫院不就會虧損嗎？

但王永慶不愧是經營之神，他提出了另一種思維，讓醫師及幹部們心服口服。他說，我們看事情不要只看表面，給病人最好的藥，讓他早點出院，那是不是代表著病床早點空了出來，那就有新的病人可以入住，大家想想，病人在哪個階段要付最多的錢？不就是剛住院的階段嗎？要掛號、要檢查、要治療、要開刀、要拿藥，如果翻床率增加，不是收入減少，反倒是收入增加。更且當我們長庚醫病，總是能讓病人更快好起來，那麼是不是提升形象，讓大家更願意來長庚。一方面來看病的人增多，一方面我們病床也總是可以適時提供，大家想想這樣會賺錢還是虧錢？

果然，領導人的思維不同，這樣才能成功。

但更讓我感佩的，王永慶在做這樣決策的同時，也真正幫助到病人。那時我就在想，我如果也可以做事情既幫助到別人，又可以讓自己獲利，那真是最好不過了。也就是秉持著這樣的思維，我後來在忙事業之餘，也投入許多時間在經營協會以及公益事業，日後經營彩券行，也是秉持著如何助人的心態，結果也真的帶來正向的回饋，事業經營更蒸蒸日上。

既然內心有股熱情，將來想要助人，我就不再愁雲慘霧過日子了，我急著想要提升自己，如果身體可以改善，那是最好的了。我當時的希望，是想讓自己至少可以像小兒麻痺患者那樣，穿鐵鞋撐著枴杖走路，但後來知曉這件事已經不可能後，那麼也要設法讓自己的臂力增強，除此之外，我還想盡各種方法能動就動。

包括我在學坐輪椅，也學著要讓輪椅立起來，臺語發音叫作「翹孤輪」。一開始這樣做，是為了想鍛練臂力，以及練習自己在輪椅上的平衡感，但身旁的人看了很不以為然，還笑我：「寶國啊！你都摔成這樣了，連坐輪椅也還在耍寶。小心啊！不要連坐輪椅都摔，二度傷害可不好。」

但後來事實證明，我練習這個「翹孤輪」是必要的，到如今，這已經變成教導坐輪椅者的「必要技能」，因為在我們生活周遭的環境有很多的地形障礙，好比說要進公共廁所，可能中間地面有門檻或凸起，必須跨越，或者經過地面上有溝的地方，小輪可能會卡住過不去，也是要用「翹孤輪」方式跨越。我不能說「翹孤輪」是我開創的，但在我復健的那個年代，的確沒有這種風氣，連職能物理治療師都不懂這個「技能」。我後來還創立了「火鶴輪椅舞蹈表演團」，曾經做過表演。

總之，既然我已經注定要坐輪椅一生了，與其每天怨天尤人，不如設法在困境中開創屬於自己的新生活。我就是抱持這樣的信念，就算被罵是在耍寶，被罵是愛搞怪也罷。我追求更好的生活，因為，人生的意義就在其中。

生活還是必須重頭學起

親愛的老婆陪著我復健一段時間，當時的我，也再次找回對人生的希望。

不過，當我回到家後，又差點陷入低潮。

因為我發現，當我在醫院裡時，因為有無障礙設施，已經可以練到獨立自主了，以為一切沒問題了，結果一回到家，第一件事，我想上廁所都沒辦法，畢竟我的住家當初規畫並沒有針對殘障人士做友善設施，如門太窄、浴廁內部也太窄，此外，在復健醫院裡當然什麼設備都早已為傷友想好好的，回到家卻是如此。於是有段時間，有種從天堂又跌回地面的感覺，覺得原來現實生活還是得回歸苦難。

會沮喪是正常的，試想，原本在醫院能獨立自主，但現在又變成連洗臉、刷牙、洗身體，都必須家人幫忙，連浴室都進不去的我，只能坐輪椅在外面，等家人服侍。

幸好，我這段日子以來已經讓自己藉由日日省思，培養了許多正面心態。我不能進浴室，但不是我沒能力進浴室，只是居家環境沒辦法改罷了，那如果換個環境呢？

也剛好那時有個契機，原本，父親在臺中除了那家店面已經在經營小客車租賃外，另外還有一塊地，當時只是作為停車場用，在那裡有蓋個鐵皮屋，但那時尚未隔間，廁所就在一樓，我就搬過去住。而在那之前，我父親也已經協助我把當初創立輕航機觀光的投資經費拿回來了，畢竟我摔機也屬工傷，總之後來拿回我的六十萬返還給借我錢的母親。

但擺在眼前的仍是問題重重，我所有積蓄都投入了輕航機，沒有其他收入。此外，我仍然連基本的生活起居都要練習。有長達半年的時間，是處在幽暗未明的狀態，包括我的家人，都還無法從我重傷的傷痛中回復過來。

那時候，我老婆為了賺錢貼補家用，每天清晨三點就得起床去送報。而在她出門後，我也不好自己一個人偷懶，於是我就當個「家庭主夫」，我把全家的衣服洗一洗，洗完後拿去晾，通常我洗完衣服，我老婆也差不多送完報回來，她會陪我一起晾衣服。之後夫妻倆一起吃早餐。

在屋子裡，有特別裝設一組平行桿，我的日常工作，就是穿上鐵鞋，撐著平行桿練習走路，剛開始練習一手撐枴杖一手扶平行桿，練久了，也可以試著雙手都拄枴杖，但無論如何，移動時都必須靠著平行桿，一旦跌倒可以扶助。我親愛的老婆總跟在我旁邊，一有狀況，她立刻就扶住我。

後來我跟老婆說，我想試著自立，要她放手讓我學會堅強，於是她不站在我旁邊，改為用一根繩子綁著我和她，我邊走，若要跌倒，她可以用繩子拉。這樣繼續練習，後來我終於比較可以一個人扶著走，也很少跌倒，若跌倒了，再喊老婆過來幫忙。

回想那段歲月，我老婆無怨無悔扶持我，她對我的愛，也是支撐我願意勇敢站起來，面對未來人生的關鍵。

我練走練得很有心得了，但終究無法這樣走到外面，因為外頭的世界，地面是高高低低且充滿「陷阱」的，小兒痲痺患者因為雙腿有感覺還可以撐枴杖行走，但我們半身癱瘓者就真的沒這個能力了。無論如何，我已經盡可能讓自己可以自立，這件事是可以做到的。

我後來經營協會幫助人時，時常發現，很多像我一樣情況的人，他們因為自暴自棄，放棄所有可以提升自己的努力，變成整天臥病在床，需要家人日夜的照護。結果本來可以不用變成家人負擔，卻因此真的變成家人負擔。

這也是我後來積極建立協會，也積極輔導那些傷友，鼓舞他們起來的原因。

其實別的不說，我自己本身就是最好的見證。他們看到我可以不用家人陪伴，自己一個人搭高鐵南北奔波開會，還能經營事業，到處上課學習；他們也看到我可以一個人開車，將輪椅舉重若輕放入車廂內，高興的時候還會飆個車，享受速度的快感。如果我可以這樣，他們也一定做得到。關鍵只在於願不願意突破自己自怨自憐的心態。

當然，我可以創業開車從事投資，那已經是比較後來的事。在民國七十八年的當下，我首先還是必須找到如何營生的方式。

從自助到助人

在我的生命中，我要感恩許多的貴人，特別是我的家人；包括無怨無悔總是陪伴著我，鼓勵著我的老婆；包括外表嚴肅，卻總是想方設法為我著想的父親。

這一生，如果沒有我的父親，我可能在年輕時候就已經沉淪到走上歧路。在我脊髓損傷住院期間，父親天天來醫院看我，有一天我突然發現短短沒幾天怎麼父親的頭髮全白了，並且臉形憔悴，當時我的心裡好疼、好捨不得，真想當場哭出來，覺得好對不起父親，讓父親操心成那樣！

父親是我心目中堅強的男人，經歷過事業及婚姻的不順遂沒被擊垮，並且還能東山再起，面對兩個孩子從小到大出各種狀況，依然能冷靜處理，他是我們永遠的靠山。

而在民國七十八年我坐著輪椅失志在家時，這回又是父親出面改變我的人生。

再不工作就保不住老婆喔？

獨自一個人在家裡時，我也會想著，我可以做什麼。但那時，我沒有足夠的資訊，過往在復健中心吸收的種種情報，也還沒能組建出一個具體的想法。實在說，當一個人得坐著輪椅，那未來的可能選項就變得非常少。真正符合成語所謂的「坐困」愁城。

那時候，父親不時會來找我，他總是跟我勸說：「你可以繼續做小客車出租生意啊！」但我一方面覺得自己都行動不便，經營專門讓人家行動方便的事業，覺得有點諷刺。一方面則是「形象」不便，我跟父親說：「我現在出門不但得坐輪椅，並且旁邊還掛著尿袋，這樣子怎能見人？這對客人來說也不禮貌吧！此外，還有種種的問題，別的不說，當客人還車的時候，總要有人去檢查車況吧！我坐輪椅怎麼檢查車況。更別提，要管理那麼多車，有種種保養和維修的問題，我這下半身癱瘓者根本無法勝任。」

父親還想說服我，但我已經心存定見，根本不想討論。

說起來，我的父親經營事業能夠成功，自然是個很懂得善用巧思的人。我父親知道他無法靠這樣當面勸說方式改變我的想法，他轉了個彎，找來另一個人當說客。並且他迂迴得很好，那人看起來不是來說服我的，像是只是來找我聊天。

跟哥兒門聊天，和跟父親聊天畢竟不同，可以比較放鬆。他是我從小就認識的朋友，當時在本地的信用合作社服務。聊著聊著，就聊到他要離職了，想著是否要和我一起經營事業。

經營事業？有沒有搞錯？我這個坐輪椅的人，怎麼和他經營事業？

而真的好巧不巧，我父親這時候「剛好」散步「經過」我家門口，於是「順便」進來看望我，「巧遇」我們在談話。

事後想想，那些當然是事先串通好的，但當天我只是正在和朋友聊天，父親就剛好進來了，聽到我們聊事業，他就順勢提議：「那不就正好可以經營小客車租賃。」

我父親說得很有道理，他說這裡有個停車場，不用空置在這，太浪費了。但他自己有他的小客車租賃要忙，也不方便經營這邊的。當我又搬出我的「尿袋不適合見客」論，這時我那哥兒們就上場了，他說：「沒關係啊！所以才需要我啊！」

我還待反駁，但他們倆一搭一唱的，例如我哥兒們說，他離開信用合作社了，也想要有事業，難道我不希望他有事業嗎？當我問：「可是你也不可能待在我這裡做一輩子啊？」他回答：「如果有一天我要走，一定會幫你找到人並交接清楚，哥兒們那麼久，難道你不信任我嗎？」

最終，觸動我心弦，讓我答應的，是我父親，他說，我再這麼不工作每天坐吃山空，難保哪天老婆保不住喔！其實在心裡我是信任我老婆的，但觸動我的，是我想到老婆每天清晨出門送報的樣子，男人不該讓自己的妻子辛苦，就算身體受傷也要有責任感。於是，我終於點頭了。

就這樣，不久後，我又開始經營起小客車租賃。這是我自己的場子，和父親的場子不衝突，那年代租車市場供不應求，基本上投入這行業沒問題的。

再次經營小客車租賃事業

其實，後來我們沒有當下立刻經營小客車租賃，因為有一個人反對，那個人就是我老婆。

我親愛的老婆當然是一輩子都支持我的，她之所以反對，也是站在為我著想的立場。因為這回經營事業方式不一樣，講白了，就是資金有問題。

我父親自己的小客車租賃，資金是他的，車子則是一輛累積一輛這樣做大的。但我現在要經營小客車租賃，除了場地是家裡的，其他包含買車以及營運的各項開銷成本，資金要從哪裡來呢？父親建議，要我拿房子去抵押借款。但這麼一來，成本結構就大為不同了，基本上，我們每個月賺的錢，要攤還車貸以及房貸，算一算，沒能賺什麼錢，甚至如果經營上一個計算不對，還可能產生虧損。

這也牽涉到當年的房地產市場，民國七〇年代，臺灣經濟起飛，同時銀行利率也在飆漲，那年代，買一間房子，房貸的利率高得嚇人，印象中利息超過10%以上，和現在房貸利率百分之二到三，甚至也有百分之一點多的，完全不可同日而語。

總之，計算下來，似乎用房貸借錢來經營小客車租賃並不划算。不過，一方面我已經答應老爸和哥兒們了，另一方面，算一算，雖然少賺，但還是「有賺」，老婆質問：「我們要賺啥？」我只好說：「我們就努力做看看吧！總比現在什麼都沒有要好。」

就這樣，我們又開始經營小客車租賃了。

所謂背水一戰，我們當時評估，如果真的要做，要能應付每月的貸款及人事成本開銷，就必須非常努力。而當我們真的拿到貸款，後頭就只有一條路，好好的把事業經營起來！

那時候，什麼文宣啦！什麼廣告促銷啦！什麼售後服務啦！就真的想盡方法，要能招攬客人，提升小客車租用率，我們要設法讓一輛車，不論是假日或平日，都能充分發揮到極致，如此收入才有辦法既打平成本，又能有盈餘。

也感謝我那個哥兒們，他信守承諾，真的來參與這個事業，很用心的經營及管理。我們也就很快的，從只有兩三部車，事業慢慢成長，最後做到了有三十多輛車的規模。我很感恩，內有賢妻輔佐，外有朋友相挺。

就這樣，我度過那段原本失志的低潮期，真正又擁有自己的事業及財源，也因此能站在這樣的基礎上，我開始有能力，出去幫助別人。

開始大力投入協會公益

隨著家裡的小客車租賃事業愈來愈上軌道，我的朋友也都很用心經營，不用讓我操心。於是我終於有時間，開始要去嘗試助人的事。

我最早接觸到有關脊髓損傷協會的資訊，是我在林口長庚醫院的時候，當時有個醫生拿一分簡單的ＤＭ給我看。我一看，有個脊髓損傷聯誼會，心中想的是，原來這社會有獅子會、同鄉會、校友會等團體，沒想到連我們這種癱瘓的人也有團體。

心中半存著好奇，一半也是想要找到關於未來的答案。當時就有過電話，作了初步的聯繫。也因為這樣我才知道，我們脊髓損傷聯誼的傷友中，甚至已有受傷至今長達超過二十年了。

由於當時我心境仍比較低潮，所以內心想的是：「受到這樣重傷，他們是怎樣活到現在的？」畢竟，我在知曉自己下半身癱瘓的那一天，就已經想要了結人生了。到底其他人是怎麼撐過來的？他們是怎樣生活？難道每個人都靠著被人救濟來過活嗎？

當實際去了解，才發現，那些人都不是我想像中的愁眉苦臉或封閉自我，相反的，大家都很樂觀。事實上，正是因為那麼樂觀，所以能為自己人生開展出一條新路來。我那時接觸的傷友，做的行業也有很多，例如有的人在經營類似五金器材店，我覺得他很厲害。結果他跟我說：「這有什麼？我只是半身癱瘓，但我有一個朋友，他是全身癱瘓，但也可以自力更生。」

我當時真的很訝異，全身癱瘓的人怎麼自力更生？原來那人也是有經營自己的事業，做的正是和輪椅及輔具相關的生意。而通過這類的接觸，我也才知道，傷友們，也有很多有傑出成績的，有人當老闆，有人從事藝術工作，當然有更多的人只是做著簡單的營生，如刻印章、修手錶等等，無論如何，他們都可以靠自己的能力過活，活得很有尊嚴，也讓我深受感動。

然而，我也知道，還是有很多人，甚至是大部分的傷友，其實還是走不出傷痛陰影的，最慘的情況是選擇輕生，不然就是自暴自棄，成為一家人沉重的悲痛及負擔。就是因為知道有許許多多的傷友，需要幫助，因此，當我自家的生意上軌道後，我就開始想要去幫助他們。

既然當時已有成立一段時間的脊髓損傷協會，於是我就加入那個協會，主動問他們，有什麼我可以幫忙的地方？

透過這樣的參與，我從最初的幫忙開始，後來被委任擔任幹部，參與更多的訪視以及輔導工作。我以自己的心路歷程切入，比起其他的社工輔導人員，我這個也曾走過差點想自殺之路的人，對那些傷友特別有同理心。而且我這個人，口才雖不是特別好，但大家都說我有一種親和力，甚至有人說我有喜感，這讓我更容易親近那些受訪者，讓他們願意接納我，進而可以聽我開導，試著走出自己的人生。

因為我的熱忱，後來我也當上了中區主任（無給職）。脊髓損傷協會當時有北區中區南區以及東區四個分部，我就是中部地區的負責人。

傷友們可以做的事其實很多

我這個人有時候腦袋瓜子很愛天馬行空，會想出不切實際的點子。但若我真正投入一件事，就全力以赴，講一件比較諷刺的，當初我從事輕航機事業，若我不是過度認真，或許後來就不會有摔傷的慘劇發生了。無論如何，我認真的個性，後來用在公益上，也讓我真正幫助了很多人。

我自家在臺中，擔任中區主任後，我可以經常就近幫助中部地區的傷友，我積極參與公益活動，若有可以為我們這族群發聲的機會，我都不會錯過，也因此認識了各界的好友，包含企業家、也包含政府官員。若有募款活動，我經常可以發揮一定的影響力。

我當初在八〇三醫院住院時，曾接觸到一本脊髓損傷小冊子，那本小冊子對我影響很大，而那位小冊子的撰寫人為陳秋芬醫師，後來去了日本，臨去之前有鄭重的交代她的學弟王顏和醫師要多關照脊髓損傷者，我也因此有機會和他見面，並當面了解他的理念。

其實在那個年代，大家對醫療知識還沒什麼普遍性認知，社會中最關心的就是脊髓損傷者，因為那是那個年代民眾可以想像的最慘的傷病狀況。那時許多罕見疾病大眾還不知悉，直到後來經濟起飛，人們才漸漸有餘裕把心力放在健康醫療上，幫助這些罕見疾病的病友，也提高了他們的存活率和生活品質，在有心人士的推動下漸漸變成社會關注的對象，像是近年比爾蓋茲為首的世界名人，發起關懷漸凍人的運動，變成全球關注的議題。在我受傷的那個民國七、八〇年代，脊髓損傷者是最大的注目焦點，而我當時成為焦點中的焦點。

我曾經組建臺灣第一個脊髓輪椅表演團體，也曾經用坐輪椅的身分，開創很多前人沒做過的事。其中影響之後其他須坐輪椅的傷友很重要的一件事，自然就是開車。

在我之前，根本沒有人會想到半身癱瘓的人還能開車，並且自行收放輪椅出門，在那個年代簡直是天方夜譚。但我受傷後，因為那本脊髓損傷重建手冊裡面，文章提到國外像我這種受傷部位的人，可以自行開車出門了，並且不是少數個案。如果外國人可以，那我們為何不能呢？

事實上，這只是汽車架構問題，只要把原本用腳踩的油門、離合器、煞車，改成可以手動的，下半身癱瘓的人開車的問題就可迎刃而解。其實對我來說，最困難的反倒不是如何開車，畢竟那只是操作熟練度的問題，任何傷友透過學習訓練就可以熟練。最困難的，其實是上下車時如何「把輪椅收上車，下車時把輪椅拿出來」，如果一個人只能上下車，收放輪椅還需要人家在旁邊幫助，那就一樣需要依賴別人，也就失去我想強調獨立自主的意義了。

所以我花了很多工夫練習，務必做到可以迅速的，自己一個人開啟車門，把輪椅靠近車子，然後撐起身體讓自己移位進駕駛座，再把輪椅抬起，然後拉進車後座，接著關上車門，成為和一般車輛平起平坐的用路人。而要下車，也一樣有這些步驟環節，開車門、把輪椅用巧勁拉著搬到車外，然後從駕駛座移位進輪椅，關車門，坐輪椅離開。

當我熟練後，我就獨自一個人自行北上參加會議。記得當時很多人都來參觀，包括中區復健醫院的院長也過來，他還幫我拍成影片，傳給傷友們看。也就是從那時候開始，漸漸的傷友們都知道，原來坐輪椅的人，也是可以有方法不假他人協助而自行開車出門的。

汽車可以，機車當然也可以。機車本來就是病友們普遍的採行方式，我實地看過朋友怎麼做，就是改裝舊有的機車，加裝成三輪。同樣的，騎車不是問題，比較大的問題還是如何放置輪椅，所以機車旁需要一個空間，用來放置輪椅。

當然還有一種殘障朋友騎乘的電動車，那又是不一樣的概念。

總之，就算傷殘，其實也不妨礙仍可以成為行動自由者。包括出國旅行，也都不成問題。於是，我從一個原本憂傷絕望甚至想輕生的下半身癱瘓者，變成了一個想積極影響及幫助眾多傷友的公益者。

我的人生也因此進入到一個新的境界。

PART 3
為民服務篇

愛心是讓我行動的翅膀

從前，我的人生就只有我眼前的世界，
從前，我就是站在以我為核心的點，
那時人生只有自轉沒有公轉。
後來，我發現世界其實可以更寬廣，
當你開始容納別人的星球，
你才可以看見更遼闊的宇宙。

從事公益，
讓我認識更多人，也因此更認識自己，
當你們感恩我的時候，我其實更想感恩你們……

坐輪椅也能服務人群

人們往往會自我設限。從前我還在臺糖甘蔗園工作時，我每天的世界，就只有那片廣大的蔗田，平常上下班間，同事聊天時最大的話題，也無非是要不要爭取加薪，如果口袋有些錢，就去飆車或唱唱卡拉ＯＫ吧！

我們的世界其實會隨著我們的心擴大，心的關懷面有多大，世界就有多大。

這也是從前只將自己局限在大里一地的我沒有體悟的，一直到後來我得靠輪椅行動，才把關懷視野拓展到所有和我一樣經受苦難的人，那時，我的世界才開始變得寬廣。

協助第一位身障立委

民國七十九年，我在家中事業穩定後開始加入脊髓損傷者協會服務，不久後我就擔任中區主任。

隨著我在臺中地區奔走，發現其實光在臺中地區，就已有超過六十個傷友，以組織管理來說，我認為有獨立成立臺中分部的必要。於是我做提案，也在參與全國脊髓損傷者理、監事會議的時候提出這樣的想法。但當時得到的答覆卻是：「時候未到。」

但我很困惑，什麼叫「時候未到」？依照人民團體法，滿三十個人就可以成立社團法人，我覺得臺中已經可以獨立成立脊髓損傷分會了。但總部仍堅持不要。我事後想想，應該是經費的問題，如果是由總部統一管轄，可以有經費分配權，但若單獨成立一個分部，就又會瓜分那有限的經費及資源。

當時我想，如果擔心經費不夠，那我自己來設立協會，自己來籌募資金吧！

就這樣，為了照顧臺中在地的傷友，我自行申請設立了「臺中縣脊髓損傷者協會」。而為了增加我們協會的資源，我也經常參加各種協會活動，或舉辦聚會。那年代高速公路沒現在這麼暢通，從臺中開到臺北，大約要三個小時，我仍然經常這樣往返六小時去開會。

而就在那段日子裡，我有機會認識了徐中雄先生。

徐中雄也是臺灣政治發展史上一個名人，他是臺灣第一位身障立委，也是臺中人，從小就因為小兒麻痺而終生需拄枴杖而行。我初識他的時候，他還未從政，但是個關心地方事務的人士。因為同樣都有志為身障朋友服務，所以彼此也很投緣。我們認識後，他也來我家拜訪過幾次。

有一回，他來找我，要我協助他選舉事務，當時我覺得自己沒有輔選經驗，於是婉拒。但徐先生仍持續說服我。他表示，他很想為地方做些事，但大里地區他沒有在地的幫手，他極力邀請我，若要真心幫助更多人，那麼就協助他的選務。

經不起他再三的邀請，我後來就擔任他的競選服務處副主任。之所以當副主任，因為當時我一再謙讓，後來徐中雄有找到一位較輕度脊髓損傷者一起幫忙，他行動較方便，由他掛名主任，我掛副主任。

這裡說明一下，脊髓損傷傷友，分成不同程度的傷殘。就如同我們人的脊髓，長長的分成很多節，不同的傷友，受傷的部位以及損傷的程度不同，對身體的影響也不同。大致上分成頸椎、胸椎、腰椎三個部位，頸椎受傷最危險，可能會帶來全身癱瘓，其次可能就是半身癱瘓，或者像徐立委後來找來幫忙選務的那位朋友，程度看來比較輕，但一樣已經失去很多生活機能。我們脊髓損傷傷友有時候會戲稱：「頸椎胸椎腰椎，真衰熊衰腰在衰（臺語）。」彼此聊天自嘲時也會問：「你是真衰？熊衰？還是腰在衰？」

當然這些都是題外話，總之當時我們倆就協助徐中雄先生大里地區的選務工作，那年是民國八十一年，徐中雄以臺中縣最高票的亮麗成績，當選中華民國第二屆的立委。

成立臺中縣脊髓損傷者協會

藉助這次選務工作，我認識更多的人，有了更多的資源，我想幫助弱勢的願望，就更靠近一步。那年，我正式成立了臺中縣脊髓損傷者協會。

但我自己不居功擔任創會理事長，因為對我來說，我只想做事，並不那麼在乎名利。我找了另一位傷友，他當時是個口足畫家，我說服他出任理事長。當時他並不願意，覺得自己行動不便，還是在家創作就好，但我跟他分析，口足畫家們也需要很多的幫助，如果他當了理事長，不就更可以名正言順做宣傳，直接間接幫助他們嗎？並且我強調：「協會成立後，別擔心，事情我來扛，你只要掛名就好。」最後他同意了。

就這樣臺中縣脊髓損傷協會成立了，加上我這些年在地方上深耕，也確實做了點事被大家看見，因此我們協會的第一屆、第二屆募款都比較輕鬆。

當協會要成立大會時，我還邀請在地的傷友出席，但一開始我叫不動他們，理由都是行動不方便，怎麼有辦法參加活動？經過我苦口婆心一個一個勸說，我告訴他們，我們必須站出來，不能永遠躲在陰影裡。我們唯有站出來才能被看見，才能讓政府知道，我們這群人真的需要幫助。這件事，不只是為了自己，也是為了所有傷友。

但真的不方便啊！行動有困難，就算到場，有的是全身癱瘓，也不方便坐椅子。當下我承諾會去想辦法。於是我跟提供大會場地、也是當初我住院的八〇三醫院，商借醫院裡空的病床，非常感謝當年院長及政戰部熊主任的支持，願意在我們開會時提供病床。之後我跟傷友們說，病床問題解決了，交通問題也不要擔心，坐計程車來，車錢都我來出。

就這樣我一個一個邀請，後來成立大會順利舉行。

那天的地點在八〇三醫院的禮堂，現場有醫院提供的空病床，很多輪椅齊聚。這裡也順帶一提，最早的時候，我們輪椅族，總是把尿袋掛在輪椅邊上，很不雅觀，這也是當初我本來不願意聽父親的話經營小客車租賃的原因。但後來透過聚會，了解到其實可以有個變通的方法，那就是把尿袋穿在褲子內，外面是看不到的。所以原本聚會時，常會被戲稱是尿袋部隊，後來就比較少這樣的情形。

無論如何，成立大會很成功，當初輔選過徐中雄立委，他也力挺我們，地方的重量級人士，包括縣長本人都來了，那時還沒有進入兩黨政治的時代，國民黨一黨獨大時，當一個縣長是不得了的大官，而這樣的大官願意移樽親臨一群輪椅部隊裡，對我們來說是很大的鼓舞。也因此中部其他縣市來參加的先期脊髓損傷者，感受到成立地方縣市協會對患者的幫助與意義，後來紛紛在各縣、市成立脊髓損傷者協會，並在短短一年期間，全臺成立了二十個縣、市協會。

成立另一個協會

臺中縣脊髓損傷者協會成立大會那天的活動真的很成功，我們成功曝光，後來爭取到很多補助。當天縣長的出席，也讓出席的傷友覺得不虛此行。我也真的讓他們的聲音被聽見了。

當天的現場其實有些悲情的，到處都是哭聲；傷友們，由家人陪同，有的因為褥瘡問題，痛得呻吟；也有腳已經鈣化的，直挺挺躺著，讓人看了心酸。縣長當天在場致詞完後，接著就一個一個病床去探問，問一個哭一個，人人有說不盡的辛酸，這個說他有經濟困難，那個說當初肇事害他重傷的人到現在都還沒有賠償，還有生活上、交友上、健康醫療上種種問題的，縣長本人一個個聆聽，並且當場交辦身邊的幕僚，記下了，這個人的需要，回去找人幫忙。也當場請幕僚把名片遞給傷友家屬，保證回去會處理。

估且不論大家的政治立場如何，但是以當年那位臺中縣長的表現，我真的要稱讚他是真正的父母官。這位縣長，就是廖了以縣長，當年是民國八十二年。日後這位縣長也說到做到，他的幕僚真的後續有持續協助處理那些傷友提出的問題。也因為心中真正的感佩，後來臺中縣長的選務我也會參與協助，我還曾帶領一群輪椅部隊一起遊街，幫忙競選呢！

在那之後，我因為持續深入基層，發現到需要幫助的人很多，不僅僅是我們脊髓損傷病友，還有很多身障人士需要幫助，光在臺中大里地區，我所知道的就有上千位領有身心障礙手冊，諸如視障、肢障、聽障、重器障（重要器官失去功能）、精神障礙……等等各類障別。

也因此我又成立了臺中縣大里市殘障福利協進會，後來我在各里舉辦的福利宣導果然有許多人不明瞭當時政府的「殘障福利」措施。

這回我本來也想找人來當理事長，我自己擔任幕僚就好，但有朋友勸我，不要老是做這種事，自己辛苦半天，然後把別人拱上去，極力勸我自己擔任殘障協會的首任理事長。

這回我則是找了一位年輕人來當助理。這個年輕人是腰椎傷友，他因為意外摔傷而終身須坐輪椅，平日以幫人打字維生，家中經營五金行，他整天就關在透天厝樓上打字。因為上下樓梯麻煩，所以儘量吃喝拉撒睡都在自家二樓解決。當時我去找他幫忙，他起初也是不願意的。但是經過我一再勸說，不要整天關在家裡，走出來可以做更多的事，也是因為如此，他後來願意走出來，協助協會的任務。幾年後，也因為擔任協會幹部經常和外界接觸的關係，他有機會更上一層樓，之後去擔任電腦講師。

所以我有機會和身障朋友聊天，總會強調，事情碰到就碰到了，我們不要因此一輩子把自己關在陰影裡，還是要走出來，陽光下，充滿了各種可能。

我的選舉經驗

的確，有時候內心有聲音，要對外講出來，別人才聽得見。

我原本對從政沒興趣，也在那時候開始了解，出來拋頭露面不是愛現，或者想要爭名奪利，而是在這個資訊紛雜的世界，真的是會吵的孩子才有糖吃，不表達意見，就永遠無法被人重視。於是我後來曾競選過地方民代，選舉失利後，我也不放棄可以曝光的機會，想要透過公眾演說或巡迴演講分享的方式，總之就是要把聲音發送出去讓人聽見。

我總是強調，我做那些服務眾人的事，不是為了名利。事實上，我為了這兩個協會，每天得東奔西忙，我不但不會因此增加收入，反而我自己還墊了很多錢。估算一下，每個協會我都要自掏腰包好幾萬。

如同前面所說的，我在臺中縣脊髓損傷者協會沒有擔任理事長，後來創立臺中縣大里市殘障福利協進會，才當了理事長，但不論我有沒有當理事長，我都盡心盡力付出。以殘障協進會來說，辦公室就在我自己家裡，我起床後第一件事就是忙會務。至於我自家的事業，可說是排在第二順位。

在那段時間，我也曾出來競選民意代表。

第一次參選就是競選大里市市民代表，當時有十六個人競逐七個名額。原本我在地方上付出，也是有目共睹，算是有一定影響力，但選舉結果出爐，我的得票率是第七名。或許有讀者想跟我恭喜，第七名那就當選啦！

但其實沒有。原因是，當年有婦女保障名額（反倒沒有身心障礙保障名額），我雖第七名可以當選，但當時有一位票數差我很多，因為是女性保障名額，她當選市民代表，而我算高票落選了。當時還有人要我提出驗票，因為我和第六名票數差距很少。但我認為，結果出來就出來了，民眾這樣選，就這樣選了，我不想強求。

之後我改去競選縣議員。這其實是受到當年一些政治人物的啟發。好比說陳水扁先生競選臺北市長失利，反倒後來選上了總統，在我參與政治那些年，地方上也多有類似的情況。因此我才想轉戰難度更高的縣議員選舉。

結果依然落選。兩次的選舉，花了不少錢。算一算加起來花了可能不下四百萬。原本，我是為了服務人群而參選的，後來沒選上，我想這也沒關係，我仍然可以持續在協會上做公益方面的服務。倒是對那些幫忙我的人感到很抱歉，他們花了很多時間來支持我，到頭來落了一場空。無論如何，當時一起打拚的友誼長存，到現在大家都還是好朋友。

因應變局，挑戰生計

我想，很少可以有人像我一樣，對「改變」可以那麼處之泰然。

當我年輕力壯時，人生一夕間，由健康朝氣、前途充滿希望的創業老闆，變成下半身癱瘓終身須坐輪椅。如果連這麼巨大的改變，我都撐了過來，那麼之後碰到各種生命的挫折挑戰，我也都較能適應。

這些挫折挑戰，有些是來自於大環境的改變，有些是工作上遭遇的難關，無論何者，都牽涉到每天的生計。

我不但要試著迎接挑戰，也要試著去幫助別人，解決他們生活中的困境。

敵不過大環境趨勢

從民國七〇年代到八〇年代前期，父親經營的小客車租賃事業，有著穩定的客源，業務發展蓬勃，而我在受傷後和老婆共同經營的另一個小客車租賃事業，也可以做到至少讓我們生活無虞，我行有餘力，還能多方參與公益活動，每月所得許多都是拿出來助人。

但大環境的轉變，開始帶來了不利的影響，我們的租車事業逐漸碰到挑戰。

首先，隨著臺灣經濟起飛，高速公路暢通，人民也富裕起來，買車的人口增加。而政府也在此時降低關稅，進口車也愈來愈普及。同時間，跨國的租車公司艾維士等已經進駐，本土的大型租車集團如和運租車、格上租車也都在民國八〇年代創立。

衝擊來得很快、很明顯，我們的業績在短時間內，下滑許多，慘澹經營下，終於我們不得不轉型。

還好就是山不轉路轉，同樣是租車，我們改成計程車出租。初始，也還是找出一條活路。那時候因為法令上的限制，計程車牌照有管制，還有靠行制度等等，因此像我們這樣擁有合法申請執照的計程車出租中心，那一年也還很火熱。我們就把營業專心放在計程車出租營業，通常一租就是一個月，也算有穩固的收入。

即使是如此，也沒能撐太久。在全民經濟火熱的年代，開計程車是很賺錢的，許多人希望可以擁有更自由的汽車使用權，不希望牌照被車行壟斷，於是結合了政黨力量，有了相關的抗議活動。那年代也正是民主開放沒多久，民主風氣大盛，於是政府就做出計程車牌照的政策開放。政策一改變，許多人就自行成立計程車合作社，讓人靠行，另外，個人也可以申請自營車牌了，繳些行費，買輛三五萬的中古車，就可以掛牌營業開計程車。既然人人都可以開計程車營業了，那誰還會來租計程車呢？

這讓我們的事業掉得更快，可以說，政策開放沒多久，生意很快就一落千丈。

我的父親是很有生意頭腦的人，但到了這個節骨眼，他也不知如何是好？他也只能無奈的跟我說，撐到哪天是哪天吧！

那陣子整個家變得愁雲慘霧。眼看著空車率愈來愈高，此外，收租也是個問題，我行動不方便，收租的事都交給我老婆。理論上，租賃車輛的客戶要自己依約繳交租金，但許多客戶卻選擇擺爛，遲遲不繳錢，我老婆一個女人家還須登門拜訪找人，但碰到對方藉故躲起來，找不到人就收不到錢。

我老婆不禁感慨：「生意那麼難做，偏偏車子又都租給賴帳欠債的，這樣還做得下去嗎？還不如收起來算了。」

到了這節骨眼，真的也很難做下去了。於是，曾經也有好幾年榮景，帶給我基本生活安穩的租車事業，正式熄燈收攤。

身障者也能開計程車

失業了，怎麼辦？

不是只有我失業，連帶老婆也失業。可是生活還是要過，錢還是得想辦法賺啊！

既然我之前做的是計程車租賃，何不我乾脆自己來開計程車吧！

這句話如果是一般人講也就罷了，但我薛寶國，是坐輪椅的人，這樣的人說要開計程車？不是癡人說夢嗎？

但我就是不想被舊的框架打倒，我就是不想放棄，接受挑戰。

開車，傳統上認為我們這種人一輩子不可能，但我已經用事實證明了，自己可以開車，並且也傳達了這樣的理念，在國外這已是基本認知了，只是臺灣當時觀念還沒能普及。既然都可以開車了，那為何就不能開計程車呢？

當年我曾協助徐中雄先生參選，後來他當選立委了，我們還是好朋友，有關身障人士開營業車輛的事，我也透過他轉達，大家對身障人士的刻板印象認為是社會負擔，如果現在身障人士可以成為載客司機，那麼他們也多了一個從業的管道，「同樣是坐，坐輪椅愈坐愈鬱卒，坐計程車坐愈久賺愈多。」他們不就可以從社會家庭的負擔，變成對社會家庭有經濟貢獻的人。

但這樣的觀念當時還很難被接受，立委本身十分認同並承諾幫忙，但卻老是卡在公務機關的承辦者，僵化的官僚思維下，我連考試的資格都沒有，不論陳情多少次都沒有用。

耗費了一年多後，都沒啥結果，委員不再跟承辦單位溝通，改而直接和最高單位交通部陳情，結果反倒交通部比較有遠見，覺得只要一些身障者的基本困難可以克服，諸如如何上下車、有沒有安全問題、會不會影響客戶權益等顧好，身障人士就可以開計程車。

也剛好，後來交通部陸政司的承辦窗口換人了，徐中雄立委馬上派助理與新的負責承辦人員溝通。終於，在陳情了一年八個月後，我們拿到了小客車營業駕照，雖是我原始發想，但徐中雄委員更是功不可沒。

我這個人，總希望有什麼福祉都可以分享，以嘉惠眾人，而不只是獨善其身。於是我一拿到駕照，接著就馬上發布新聞稿給記者（媒體相繼報導，標題為：全國第一位坐輪椅考上小客車職業駕照）。我要在公眾媒體前造成既定事實，怕政府又改回原來的法令，也讓大家知道也接受，原來身障人士也可以擔任計程車司機。

於是在眾家記者面前，我示範了如何上下車、如何收輪椅等等，並且大聲呼籲，要給身障人士一個自力更生的機會。

傳統的觀念，以為身障人士只能做些諸如修理手錶、刻印章、打字排版等工作，但隨著時代演變，這些傳統手藝型的工作也漸漸被淘汰。並且同樣是工作，大部分的工作身障者不能做，做了也難以同工同酬。然而開車不一樣，只要可以開車，那麼每個司機都是平等的，都可以把客人安全的載到目的地，取得同工同酬的費用。

就這樣，由我帶頭，我讓身障朋友可以開始開計程車。我自己是全國第一個坐輪椅身障人士拿到小客車營業駕照的人，也是從我之後，臺灣開始有了身障人士開計程車。

事實上，隨著報導出來，我自己身邊就有很多認識的身障朋友，開始去考計程車牌照，這樣的人數之多，乃至於後來我們還可以成立一個「車隊」，這個車隊就是火鶴計程車隊，當年也上了不少媒體。

所以許多事都不是想像中的困難。從來都是人們自我設限，而非實務上不能執行。其實身障者開車還會更安全，因為他們會更珍惜得來不易的工作機會，可以好好做好載客服務。

火鶴計程車隊

我自己開起了計程車，同時我也有一群朋友加入計程車隊的行列。

為何我們那時取名叫火鶴計程車隊呢？

源由於更早之前，我就已經成立過火鶴輪椅舞蹈團。

所謂輪椅舞蹈，我也算是先驅者。當年在醫院做復健時，我就喜歡玩「翹孤輪」，那時還被說是愛搞怪，但後來「翹孤輪」已經是所有輪椅族必學的基本技能。

而個性上本就不甘寂寞的我，在當年找了幾個也是坐輪椅的年輕患者，成立了火鶴輪椅舞蹈團，當時也被多家媒體報導。那時也常上電視，例如曹啟泰主持的「笑星撞地球」，我們也去接受採訪，並在全國觀眾面前表演火鶴輪椅舞。

甚至我當時還想把這件事「事業化」，也找來老師教舞，穿統一服裝，年輕人一開始都興致勃勃。但真正要更專業的話，必須做更多的舞蹈訓練，當然是上半身，也就是在玩輪椅各種特效時，上半身也不能死板板的，必須要有動作及表情，練習的時間和心力的付出相當多。這後來大家就意願不高了，原本只是玩票性質，大夥各有各的工作，之後各忙各的，練習時間愈來愈少，也就形同解散了。

不過，當我北上發起身障人士也可以開計程車的陳情活動、記者會時，那些火鶴夥伴們又都出來，讓火鶴再現。

但回歸到現實生活，當時的生活其實是苦的。

別的不說，從前經營租車事業，我們月入超過三十萬，但如今開計程車為業，收入就不免減少，並且是大大減少。

當年的行情，一個計程車司機，一個月大約可以賺四、五萬，比起一般上班族可說收入非常好，所以有很多人想要從事這行業。而對我來說，我是做每一件事都很投入的人，況且為了生計，我更是十分打拚，那時我一個月可以賺到六、七萬。

當然，這錢是用健康來換得。既然計程車是同工同酬，我的車子也沒有收比人家貴，那我為何收入比人家多？唯一的理由，就是我開得勤。

我一方面開的時間長，別人一天開十個小時，我則是開十六個小時左右，反正除了開車就是回家睡覺，一早又出門開車。另一方面，我開車很機警，我時時追蹤著無線電，總機一通知有人要叫車，我往往很快的速度就按下無線電，說我要接。我開車既快，時間也儘量安排緊湊，如此才能賺更多錢。

原本還在想，我辛苦賺錢，收入雖比以前少，但日子苦一點，家庭經濟還是沒問題的。記得曾在某個場合聽到一個教授和我分享，他說別看他是名教授好像光鮮亮麗的，其實跟我們一樣都只是中產階級。也許收入看起來多一些，但同時花費卻也比常人多，好比說婚喪喜慶場合就比我們多，而且白包紅包也不能太寒酸，到頭來，每月的結餘，跟我們是差不多的。所謂賺得多，也花得多；賺得少，那就花得少吧！

我本來也是想這樣堅忍度日，但後來身體狀況真的撐不住。

我得了十二指腸潰瘍，睡到半夜肚子餓時就痛到受不了，偏偏我又是行動不方便，躺著痛到無法爬起來，為此，我那親愛的老婆，半夜每兩小時就要醒來一次，拿東西或藥給我吃，等同於又回到當年我剛受重傷時，老婆半夜要起床幫我翻身的情境。

我老婆是個抗壓性很強、非常能吃苦耐勞的人，她願意犧牲自己照顧我，但最終她要我放棄再開計程車了，不是因為怕半夜要起床那麼多次，而是看不下去，我快把身體操壞了。

剛好那時發生一件事，民國八十八年，臺灣發生了九二一大地震，很多家庭流離失所，有很多人需要幫助。之前我在臺中市成立了兩個協會，其中臺中縣大里市殘障協會當時的理事長跑來找我，告訴我他接到了一個公文，要整合不同的協會，共同針對災後身心障礙朋友的協助。那個補助要聘用人才，為此要寫企畫書。理事長表示，這方面的事我比較擅長，並且話鋒一轉，協會畢竟是我成立的，這個忙我也應該幫。

話都說到這份上了，我也只好義氣相挺，在百忙之餘，白天開計程車，晚上還幫協會寫了那個專案。

差不多一個月過後，有天那位理事長又來找我，說已經通過人事補助，要找個總幹事。

「找就找吧！我已經幫你們寫企畫補助案了，總不能人也要我找吧？」

「寶國，我們覺得這個總幹事最適合的人選，就是你了啦！」

我當下十分錯愕，我只是答應幫協會寫專案，可沒答應連那個人也要我來接任。

然而就在那樣時候，我老婆和我談起我身體狀況的事，要我不能再撐了。就去接那個工作吧！

「現在我們收入這樣就已經很克難了，你要我去協會？那裡收入只有三萬。這樣我們怎麼過日子？」

「總有辦法的，大不了省吃儉用就好。但你的身體不能再開計程車了，這是確定的事。」

那年民國八十八年底，我三十八歲，我老婆勸我不要再開計程車，她語重心長的說：「寶國，再這樣下去，我擔心你活不到四十歲。難道你要丟下我們母子不顧嗎？」

就這樣，我去協會報到，成為臺中縣大里市殘障福利協進會的總幹事，一做就是七年。

協會服務的歲月

從民國八十九年初到民國九十五年底，有長達七年的時間，我在殘障協會擔任總幹事。我這個人，一旦投入一個工作的時候，就全心全意，我沒有白天上班晚上開計程車，而是專心投入對身心障礙者有幫助的事情，包括個案訪視、個案管理、個案救助等等。

由於我本身不是社會工作科班出身，很多事都必須學習，也因此那段時間我也上了很多的課，這對我日後的成長有很大的影響。

那段籌錢的協會時光

在協會工作，最煩惱的事是什麼呢？排名第一的，絕對是錢。

或許有讀者會說，任何的企業任何的工作，最在意的都是錢啊！問題是，企業經營有產品銷售帶來營收，個人做事有服務帶來報酬。但協會是公益性質的，並沒有生產消費商品，也不走商業化服務。所有的錢要怎麼來呢？就是要靠一張嘴和一枝筆。

在協會七年裡，我寫過的案子，若連同修改的不同版本都算進去，大概可以疊到好幾層樓高。

從前我曾不只一次招開記者會，在公眾面前發言，和政府單位爭取福利。但這時的我，卻得用另一種形式和政府爭取經費。這真的是很吃力不討好的工作，而且不論做多少事，領的薪水都不會增加，甚至連自己的薪水也是透過「補助」來的，這樣的生活其實也非常緊張，但和之前開車的那種壓力緊張又是不同的形式。

曾經壓力最大時，我滿頭不斷冒出頭皮屑，最嚴重時，頭皮屑變成一小片甚至一大片結成一粒一粒在頭上。有一次我不禁失笑幽默的想，佛祖關懷世人，所以壓力一定比我更大，難怪釋迦牟尼佛的頭也是滿頭包啊！

而在那段日子也見證到一些人情冷暖，我看到很多認真的大學青年，真心做志工服務，但也看到社工本科系畢業的人作社服只應付，只是為了領薪水才來上這個班。一些苦差事，多半還是要我這個總幹事來扛。

錢，真是個大問題！

申請政府補助，有很多規定，要依照既定的格式寫報告，有些時候要寫很官樣的文章，但也真的要列出可落實的計畫和施行細節。我的經驗，曾經為了一個報告，三天三夜沒什麼睡都在趕案子。也曾經一個案子送了又退，修改再送，又被退，一連退了七、八次才過，而原因往往就是為了些格式問題，或者為了符合官方的某些需求而調整。忙到後來好不容易案子過了，接著又是另一種形式的煩惱，有期中報告、期末審核，要交結案報告，要準備照片、文件，還有填一些看了很令人頭痛的種種表格。很多時候，我會覺得，就算實地去偏遠地區條件很不好的地方做事幫助人，都比處理這些複雜的文件輕鬆。

而就算如此，政府的經費也仍是有限，畢竟大部分的專案，都有規定，補助款多少，自籌款多少，而那個「自籌款」，也是我必須傷腦筋的。

也就是在那段日子，我為了找資源，真的殫精竭慮，但也真的因此學習到很多。過程中，還經常需要「挖東牆補西牆」，一般會用這六個字，通常是指一個人不擅長理財，欠很多銀行卡債，或者挖了很多錢坑要補洞，所以這裡借那裡還，那裡借這裡還。但以我當時的情況，協會經營又何嘗不是如此，既然協會不是營利單位，要找錢要核銷，就必須串聯很多單位。

不論如何，事後回顧起來，至少，我們真的幫助到很多人。

輔導需要幫助的朋友

我是個做事的人，所謂做事，不是單指做好自己分內的事，而是要透過手中的平臺創造最大的價值；我不只爭取自己開車權利，也幫全體身障者爭取權利；我不只學習自我成長，也要幫助更多人學習自我成長。到了協會，我更必須要幫很多人。

所以那段日子，我也著實做了不少事。我輔導過十個輪椅個案，讓他們從依賴別人生活的狀況，變得可以自力更生，我幫他們成立了一個理髮工作室，這中間，有很多的培訓工作，還有心理輔導等等，包括如何設立據點，如何行銷招攬客人等等，都投入很多。

也曾輔導七個身障朋友爭取成為口足畫家。記得那七個人中，除了有二個是雙手截肢外，其餘六位都是脊髓損傷全身癱瘓傷友。他們的謀生選擇很少，但我幫他們爭取到國際總會的認可，可以取得長期的獎學金，能夠照顧他們自己的生計。

世界口足畫家協會，總會位於瑞士旁一個小國列支敦士登（Liechtenstein），由於當地是國際知名的滑雪勝地，每年有來自各國的人登山滑雪，但年年也因此發生很多意外，許多傷者都成了脊髓損傷病友，當年總會為了幫助這些人，後來想到一個方法，那就是他們雖然身體不方便，但至少嘴巴可以動，還有人雙上肢截肢雙腿可以動，於是創立口足畫家協會。

在臺灣也有口足畫家分會，要成為這個協會的會員領取繪畫獎學金，必須通過考核，但當年不知為何，這七位身障朋友，畫了很多畫，但一連三年都無法通過審核，他們非常沮喪，轉而尋求協會協助。

我採取的方法，是直接和國外總部聯絡，我的英文不好，我請英語能力不錯的老師協助，我先打好文章，透過協助翻譯後，留言在總會官網，內容大要是，口足畫家協會不是想幫助身障者自立更生嗎？為何臺灣這七位朋友認真作畫，卻一連三年都無法申請通過？

這篇留言出去不久，我就接到來自口足畫家臺灣分會的電話，說得到來自總會的消息，要那七位朋友再送件。這回就成功了，他們都成功成為國際認證的口足畫家，也終於可以靠畫畫維生。這件事當時也破了臺灣紀錄，在我之前，從來沒有一次是像這樣，同時有七個人通過審核。

記得當年我們都很高興的慶祝，奮鬥三年，總算可以自力更生的喜悅。不過說到這又有些傷感，那幾個畫家都是很有生命力的人生鬥士，但脊髓損傷者通常有多重的身體問題，壽命也比一般人短，就我所知，那七個人中，已經有兩個往生，都還很年輕，對人生抱著很多希望，但命運是殘酷的，每當回憶起他們的笑容，還會不禁淚濕衣衫。

我想助人自力更生

幫助人的方式有很多種，但以協會的立場，我不主張，以捐獻施捨的方式幫助身障朋友。我知道這世界上有很多需要幫助的人，但就算是他們，也有自尊。如果可能，他們寧願付出勞力，也不想要坐等他人的施捨。

我助人的方式，一直以來就是希望幫助人們自力更生。

經常有人說：「給他魚吃，不如教他釣魚。」

但我想更進一步的闡釋：「教他釣魚，不如教他捕魚，教他捕魚，不如教他養魚，教他養魚，不如教他看魚。」這句話怎麼解釋呢？

這也是我經歷諸多政府輔導專案後，看到的問題。

釣魚，是技能。好比說職訓局，如果培訓出一批手做編織人才、程式撰寫人才或者金工人才，但徒有技藝，遇到新的自動化或AI人工智慧後，因此而找不到工作，也是無用武之地。

本身是身障者，我深知身障的人在工作求職上有太多的局限，我們不只要學適合身障者也可以應用的技藝，也需要重視這個技藝是不是有市場。舉例來說，當整個社會都朝電子化網路化發展，那麼學習傳統式的打字人員，就有點不合時宜。

當然實際上怎麼做，需要多環節的配合。技藝的傳授需要老師，需要教室，需要課程安排。技藝的應用，也需要和民間單位產學合作，若沒有民間單位承接，那麼，就自己設法創造一個。我擔任總幹事時，就曾經「創造」很多這樣的場域。

那道理就好像，有技師想工作，沒有店肯收留，那麼就咱自己開店吧！

例如那群理髮技師，我幫他們成立工作室。並且透過申請補助，爭取房租補助。

另外，我還洽商了太平區的區公所，借用他們門口的場地營業。過程中當然也經過很多折衝，大部分公家機關的心態是多一事不如少一事，但若肯用心溝通，還是會有許多人肯撥冗幫忙。

那時候我在那裡，設置了咖啡站，這是個公益據點，兼具雙重性質。第一重，那裡的工作人員是身障者，他們本身已受過咖啡烘焙和鬆餅製作等訓練，所以是真的可以提供服務，他們用自己的勞力賺錢。第二重，那裡也是個安置所，許多家中有身障朋友的人，家人不能無時無刻陪著他們，也須外出賺取生計，但家人外出時，可以把身障朋友帶來這裡，大家彼此有個照應，家人也就可以放心。

我也在自己的辦公室騎樓，經營二手店，結合愛心義賣，以及身障者的自我設計商品，我們強調身障者身體是弱勢，但心理可以不是弱勢，我們都一樣可以為這社會做出貢獻，自食其力賺取自己的生計。

此外在我離開前，也因應政府政策，在大里市設立日間照顧中心。

雖然生計上，我只領取微薄的收入，但在內心我是很充實的，能夠幫助這許多的人，我很樂意對自己自我肯定。

捕魚，是經營。釣魚只能一次釣一條，而捕魚就可以一次捕獲很多魚，除了需要技巧，還要找材料編魚網、補破網、網子要放對池塘、針對魚的大小編織洞口、知道什麼時候收網……

就好像開店做生意、要挑對地點，設法增加來客數、提高客單價、增加回頭率……等，如果天時、地利、人和都有，只要其中一個環節不對，如大環境影響之下，開店做生意也是滿競爭的，入行門檻又低，開店並不保證不倒店。就連連鎖店都得調整，店面生意不佳的就得另覓地點，換點經營。

養魚，是管理。不僅要懂得釣魚的技術、捕魚的經營（在這裡指的「懂得」，不一定都要自己會做），還要會管理，要找到適合魚兒生殖的魚塭、挖鑿、魚塭設備、買魚苗、餵食、保育魚兒、賣魚等等的過程，在實務上猶如開一間工廠或公司，養了一群人，來到這個養魚的境界是用人賺錢，比一隻一隻的釣魚及辛苦的日夜捕魚、捕破網賺錢還要快，但風險及責任就更重大了，如果不善管理，很快公司就關門倒閉了。如果沒有「看魚」的本事，很可能就是一場大災難。那麼，什麼是「看魚」呢？

看魚，是一種心態。就如我小學國語課本裡描述的故事——有一位小男孩，來到河邊玩，蹲在河邊看見河裡有許多小魚，向水的上流游，因為水湍急，連連被沖下來，但是小魚還是奮力向上游。

心裡想：「小魚都有這樣大的勇氣，我們做人，能不如小魚嗎？」結果，這位小男孩長大後當上了總統。

姑且不論故事的真實性，「看魚」其實是一種「學習的態度」，不然，很多人也常常看魚啊，甚至家裡還擺個大大的水族箱，看魚看了很多年了，不要說沒能養魚成精成為專家，更不用說當什麼大商人、當上總統，說不定連魚都不會煮，還只是個會吃魚的吃貨啊！咳，說不定，連魚都不會吃，哈哈……

因為人生不如意事十之八、九，也許你會釣魚的技術，但遇到產業外移，你會捕魚，但遇到市場不景氣，你會養魚，但大環境或天候細菌感染以至於魚全部死光，這時候需要的是不斷的學習，才能夠讓你重新站起來。

這就是我所謂「看魚的哲學」，也就是「學習的態度」。

PART 4
學習致富篇

學習，讓自己邁向成長

辛苦工作，賺取收入，
頂天立地，值得敬佩。

但辛苦工作，若賺得沒效率，
整天勞動若只是換得一身病，
那並不是理想的人生方式。

我一樣要繼續助人，
但我希望找到最棒的理財方式，
讓我可以和家人過更好的生活，
同時又能幫助更多的人。

後來我終於發現，開啟致富的寶庫，
既可以擁有財富又能幫助最多人的方法，
就是「學習」！

經營彩券事業

我從民國八十九年初投入協會經營，直到民國九十五年底回來。這段日子裡，我收入不豐，但仍經常用有限的錢去幫助人，也經常投資自己去上課學習。長長七年過去，已經四十五歲的我，似乎除了服務社會外，在理財領域一事無成。然而實際上，在這段期間，我學習許多，包括正面心態，以及人際關係，這讓我後來能夠很快的建立財富，改變生活。

開始參與彩券業務

生活需要突破，當現況的狀況不佳時，那一定要尋求突破。就算現況覺得不錯，也必須「好還要更好」，設法力爭上游，找到生命的新境界。

民國八〇年代，是我比較困苦的時候，我覺得很對不起家人，但又不知可以如何改變。

初始因為大環境因素，小客車租賃不能做、計程車租賃也不能做，到後來連自己想開計程車，也因為健康問題不得不停止，後來改去協會上班，領取微薄收入。老婆則是開娃娃車。每當夜深人靜，回首這近四十年來的日子，覺得這麼多年，賺得了什麼呢？只不過勉強賺得一家溫飽，曾經風光過，卻也不敵景氣更迭，我這個必須終身坐輪椅的人，似乎更看不到未來。

但我自從當年初受傷時想要自我了斷，後來承諾自己以及家人，今後要好好生活後，我就設法不讓自己心境跌到谷底。

我突破自己的方式，主要是靠學習，以及幫助別人。特別是學習，徹底改變了我的人生，後面文章中我將專門針對學習講述我的改變經過。但在此，我要先說的，是我幫助人的部分。

那時由於參與協會的服務，我每天接觸到的都是有關促進身障者權益的事，我要輔導很多個案。那時候，就覺得，幫助一個人最好的方法，不是提供金援也不是一味救助或一味輔導，總要設法讓他們自力更生，既有收入又有一定尊嚴的過日子。

也就是抱著這樣的心境，只要有和身障朋友相關的法案，我也特別關心。而立委徐中雄先生本就是個關心身障朋友福祉的人，曾經身為他的助選員，我也會經常參與有關身障權益的各種法案討論。就是在那樣的機緣，我們開始留意到政府彩券這件事。

在臺灣，早年有愛國獎券。

愛國獎券在臺灣曾經存在一段很久的時間，共發行了一一七一期。然而在後期由於和「大家樂」賭博連結在一起，變成一種負面形象，於是在民國七十六年，臺灣省政府停止發行愛國獎券。但人總是喜歡在生活中偶來點調劑，偶爾有點「小幸運」，獎券的基本思維是沒錯的，如果不要和賭博有瓜葛，其實是小人物圓夢的一個小小寄託。如果連這樣的夢想都不能給予，那人們生活會更苦悶。

如果將獎券的思維，可以修正為對社會有貢獻正面意義呢？當年我和徐中雄立委的團隊，就有想到，獎券不一定要賭博，如果獎券的收入可以幫助人那不就變成公益了嗎？進一步來說，如果獎券可以變成身障人士的「釣竿」以及「池塘」，那豈不是很正面的事。

就這樣，獎券的意義經過討論後，變成正面，政府也準備發行新形態的獎券，取名為「公益彩券」，過程中，我也曾多方參與陳情。然而到後來，公益彩券要發行的事只聞樓梯響，卻遲遲未見政策下來，原因之一，就是各種勢力的角力，當時徐中雄立委也多次和當年的省政府陳情。而政策最後發展的關鍵是公益彩券商的申請資格，包括身障人士，也包括原住民、單親低收入戶者，其中單親及低收入必須兩者同時擁有才具備銷售資格。

當年我們也曾詢問徐立委，為何有那麼多人要瓜分身障者的生計？徐立委就會委婉的跟大家解釋，一個政策本就要顧及多方利益，在議場中，在爭取的同時就需要協調，凡協調就必須要妥協，這樣才能成就大局，否則大家都不退讓，法案就不會通過，誰都得不到好處。

就這樣，雖然僧多粥少，有太多身障人士渴盼有這樣的做生意機會，想要經銷彩券。但事已定局，成千上萬身障者必須和原住民朋友，以及其他也被定義為弱勢的人爭取極有限的名額，銷售彩券養活自己。

而由於參與法案陳情的關係，我也很早就知道彩券的訊息，於是民國九十一年第一波開放那時，我就鼓勵老婆，我們也來賣彩券。

起初我老婆是不贊成的，她不認為賣彩券會比較好，覺得那時的現狀就很好。但我經歷過多次的學習，覺得突破自我的重要，我堅持家裡要賣彩券，我老婆本就很尊重我，認為既然我堅持，就做吧！

於是民國九十一年，我的彩券行正式開張，成為首波的彩券商，那時是由富邦銀行承攬發行業務，那五年期間，除了民國九十一年，那年我的彩券行因為開出頭彩有被特別報導外，其餘四年經營得每下愈況，而那時我的主力也不在彩券行，而是仍在協會服務。

直到第二波彩券發行，民國九十六年改由中國信託承攬發行業務，中國信託的確有比較用心，透過多元化行銷的方式，大幅打開彩券的市場。而我剛好九十五年底回家協助彩券行業務，之後彩券行生意逐年好轉，到後來我將上課學習來的方法應用在彩券行上，業務更是蒸蒸日上。特別是民國一〇〇年後，我學習到的知識來到新的境界，透過吸引力法則，以及成功者的思維模式，那時年年業績成長，民國一〇二年最高峰時期的營業額是早年開店時的十倍。

從一〇三年起則是第三波的開放，同樣是由中國信託承接，這回開放年限達十年。此時不只是我，我的家人也都已經認真學習成功學以及勵志學，業績得到穩定成長。

年年要開出頭彩

有個小小的故事，那天臺彩的臺中地區業務代表來拜訪我，這個人是個新手，她不知道我們彩券行以前的事蹟。她是來恭賀我的。因為我們彩券行，不只是二〇一七年度臺中市電腦型銷售業績冠軍，並且還是全國第十名。

然而令她訝異的是，當她興高采烈的跟我們恭喜，我們這邊卻表現得不是很熱絡，只是禮貌性的感謝，但臉上並沒有特別的那種得獎的喜悅。

她納悶不已。後來我們才跟她說：「其實，我們去年是全國第四名，今年卻掉到第十名，所以妳說這有什麼好恭喜的呢？」

是的，我的彩券行成績非常耀眼，直到今天，不僅是臺中市，也是全臺灣六千多家彩券行中經營的佼佼者。

彩券行是民國九十一年成立的。當年我們就已經開出頭獎，是全國有四家首次開出頭彩的其中一家，媒體還曾大幅報導，那年我也上電視過幾次，連海峽對岸的朋友都從電視新聞上看到我，甚至還有一個朋友，也就是小馬，後來專程從天津回臺找我，也就是他帶領我認識《富爸爸，窮爸爸》這一系列的書。當然，那是後話了。總之，我們的彩券行，一開幕就成為地方上的焦點。

那時我老婆和我商量，兩人工作分工，我還是繼續在協會工作，不要夫妻倆一起在彩券行，這樣不會浪費資源，同時也不會因經營理念不合而吵架。

我當時同意了，所以就繼續在協會服務到九十五年底，這期間我沒有實際參與彩券行營運。而將主力放在社會服務。

我們的彩券行，在九十一年風光一時後，但之後隨著新聞熱度遞減，營業額逐步下滑。開出頭彩那一年，最高時候，當月業績達四百萬，之後每下愈況，掉到每月一百多萬。本來曾經是臺中市業績第一名，後來掉到連在我們所住的大里地區都不是第一名了。而如果成績再往下掉，就得忍痛裁員；而當時我老婆的二姊在店內幫忙，我老婆就跟她說，如果再這樣下去，可能就聘不起她了。

那年是民國九十五年底，我離開了殘障協會。回到家裡承接彩券行的營運。之後的一年，我學習如何經營彩券行，並且將所學傳授給家人及員工。

從民國九十七年開始，我們的成績突飛猛進，當年已經業績成長大幅提升，到了九十八年，我們已是全臺中縣第二名（那時還沒縣市合併），到了九十九年業績有成長一番，到民國一〇〇年後則是進入大爆發。

那時候開始我把吸引力法則發揮到極致，民國一〇〇年開出四次頭彩，一〇一年開出三次，一〇二年開出三次，年年都有喜事。當然，也許有人說，是否開出頭彩看的是運氣，但這裡要看的，還有我們的營業額，這就不是靠運氣了。我們從一〇〇年起，每年成績都是全臺中第一名，並且不僅如此，還在全國列入排名。

這件事是非常難得的，因為，我們的彩券行，並不是位於臺北市這樣的都會繁華區，而我們在臺中的地址也是屬於較偏離市中心的地方。這樣的地理及人口條件，可以年年打造全臺中市冠軍，及全國名次。靠的當然不是運氣，而是真正的用心。

改變，先從笑臉開始

改變不是一夕間造成的，成就也絕非靠運氣。

民國九十五年底回來後，我需要時間去適應這個行業。那時，我開始運用我以前所學的知識。

首先，我先試著改善環境，銷售那端我還在學，但至少環境要給人舒適的感覺，於是我每天就拿著抹布，一個個角落親手擦拭乾淨，包括椅子的腳我也細細擦亮。這些看似無關的細節，其實整體就會營造一種氛圍，當環境不讓人喜歡，客戶自然就不會靠近。

如何接待客戶，更是一門學問。

我之前在協會服務的時候，曾經上過許多的課，當年印象最深刻的就是卡內基的課程，那時邀請社會福利相關單位的幹部免費去上課，我去上課後，深深為課程內容著迷，後來就正式報名卡內基人際關係班。

那時我薪水一個月才三萬，但那堂課就差不多也要花上三萬，對我來說是一筆不小的開銷，但我很願意花那麼多錢上課，深有收穫之餘，還找大家來上課，因為我覺得，學習是無價的，而知識確實可以改變我們的人生。

我不僅報名上了三個月的課程，後來還又回頭去當一次學長，再上三個月。

我覺得課程太棒了，讓我的老婆及兒子女兒都來上，報名費都我出。雖然表面上他們回去說，這些課也沒什麼，但我知道，其實課堂上的東西已經深植在他們心中，包括平常與朋友應對進退，如何增進人際關係，其實都有派上用場，只是已不知不覺內化到生活層面，他們不自覺而已。

後來，我更報名三個月的經理人領導班，同樣的也是上完課後又回去當一次學長，加深學習。

民國九十五年底當我回來自己經營彩券行時，便逐步把當年的學習實際應用。最開始我和老婆討論如何增進笑容，並要求她要記住客人名字。那時老婆並不以為然，她認為，要怎麼笑？笑難道還有方法嗎？不是只要待人親切就好，為何一定要露出七、八顆牙齒才叫標準笑容？這樣做會不會太不自然？

但既然我回來經營，就是想要改善彩券行，我還是強勢要求全家人都要照著這樣做。

隨後他們發現，彩券行的業績還真的蒸蒸日上呢！他們才相信，原來笑容還真的有用，他們發現，當我們每天笑臉迎人時，客戶受我們感染，自然也會展現笑容，當彼此都願意笑臉迎人，所謂和氣生財，這裡的磁場就真的變大，愈來愈多人願意來此買彩券。人氣旺，生意自然興隆。

而另一個重要的服務項目，就是我們要記住客人的名字。

把顧客當朋友

比起笑臉迎人來說，記名字，其實更是我們業績突破的關鍵。

一開始，家人及員工也是不以為然，人家買彩券就買彩券，又不是來跟你交朋友的，何必硬要問人家名字，如果對方反感怎麼辦？

但曾經上過卡內基課，知道與人交流，讓對方感受到被重視是最重要的，我仍要求家人，開始訓練要記得上門客戶的名字。

當然，不是用硬邦邦的要對方留下姓名，而是要以寒暄的方式，不需要問到詳細名字，只是要簡單知道姓氏或代稱就好。例如有人來買彩券，送上一杯茶，輕鬆的聊：「祝你中獎，我叫阿寶，感謝您常來捧場，是說⋯⋯你常來這麼多次了，還不知道大哥貴姓？」對方可能一開始會說不用啦！但只要我們禮貌夠，誠意十足，他還是會說：「就叫我阿良吧！」

開店，當我們只把客人當作是來交易的陌生人，那當然就只是一手交錢一手交貨，非常冷漠的互動。但若我們把客人當成是重要的人，就算只買五十元的大樂透，我們也都用感激的神情對著他點頭表達感恩。那麼，假如你就是這個客人，你會怎麼想？原本就常買彩券的，就會選擇不去其他家，改來我們這家買，畢竟，同樣的錢，在這裡可以被當貴客，那當然來這買。如果本來不常買的，也會因為這樣的「禮遇」，就開始想：「好吧！既然這麼盛情，那我以後每個禮拜都來買吧！」

曾經有人問我，賣彩券又不是推銷電器或賣水果，不是喊喊價做做促銷請大家來買那種形式，就只是賣個夢想、賣個機會，每家店的賣的「產品」都一樣，他很好奇，賣彩券這種事有什麼好行銷？有什麼可能促進業績的呢？

結果答案就是有。事實證明我們真的做到了。

光以記名字這件事來說，我們就徹底改變了店家與客人的關係，一個陌生人買彩券跟一個熟客買彩券，概念是不同的，後者可以是前者交易量的十倍以上。以這樣的方式，後來我們的業績，成長到最初開店時的十倍，也就一點都不意外。

家人和員工們，漸漸都相信我說的話，他們不只記得客人名字，也提升服務品質。畢竟，如果你把對方當朋友，那麼互動的方式自然就不一樣了。我還和我老婆做「記名字」比賽，透過監視器，我們記錄一下每天上門的客人，是我認識的人多，還是她認識的人多。一方面比賽，一方面真正的目的在於互相交流，我認識的人若我老婆不認識，我就跟她說，這人常來是菜市場的李嬸，那人是郵局的王先生等等，反之亦然，我老婆也會跟我介紹「新朋友」。

後來，我們還舉辦各種增進情誼的活動。例如春節到了，我們也會邀附近的熟客們，辦個幾桌尾牙。到後來甚至我們還辦客戶旅遊。當其他的彩券行，好奇為何一家遠在臺中市郊也不是挺起眼的店，為何可以年年做到全國上榜？當他們看到我們與客戶的關係，就會知道，我們是如何用心經營這個事業。

此外，我們也透過吸引力法則，拓展事業，這部分也會在後面提及。接著，我要先聊我人生的另一個理財面向，也就是投資理財。

開始投資房地產

人的潛力真的無窮，但首先必須要能自己相信自己。

十六年前，如果有人告訴你，這個坐輪椅的薛先生，只靠著在協會領取每月三萬的薪水度日，家裡還有兩個孩子要養，並且他學歷不高，當時也沒什麼積蓄，甚至還負債三百多萬，彩券行也還沒開始經營。若那人告訴你，這個薛先生，以後將有著年營業額上億的事業經營以及投資理財。一定不會有人相信。

但富貴是要靠自己爭取的，命運只是生命的舞臺，學習、努力所帶來的成長，就是改變的契機。

法拍屋投資

民國九十六年，在我回來彩券行參與營運後，彩券銷售的業績還沒有顯著提昇。那時我們開始主動採取微笑以及親切待客的方式，擁有了一批高忠誠度的長期買家。其中，有一位先生，帶給我們事業新契機。

記得當時就是我在看店，曾經有臺彩的業務代表來視察業務，結果在他跟我談事情的短短不到三十分鐘內，我就至少得打斷他的話十幾、二十次，當然不是我刻意打斷他的話，而是在我的店裡，三不五時，就有「熟客」駕臨。講沒兩句話，就會有人來買彩券，都是我認識的人，然後我就在輪椅上不斷的回頭說：「阿良，今天又來捧場了。」、「李嬸，今天市場生意怎樣？」、「老陳，今天也來買喔！祝你中大獎。」那個業務代表見了這種陣仗，也不禁嘖嘖稱奇。

而那位改變我未來的先生，則是當時少見的我「還不認識」的人，印象中他之前沒來過，見他穿著不俗，像是有點品味的人，在上班時間會來買彩券，而且看起來又不像上班族。我自然禮貌性的打招呼，他也客氣的點點頭，但似乎不太想搭話。我們經營的原則之一，若客戶不喜歡的事，也不要強迫他，一切要順其自然。

直到第二次、第三次，看到他，雙方因為每次見面都微笑以對，這樣也算「比較熟」了，那時我才敢正式請教他貴姓大名，是否可以換個名片，大家交個朋友。就這樣，他才正式跟我們互動，說他姓邱，當時只說他在做個小生意。

後來再次見面，我們更熟了後，見我們真心想認識他，他才跟我透露，其實他是在做法拍屋生意的。

「什麼？法拍屋也可以做事業喔！」

當下，我們把他請到屋內，請他上座，泡了一壺好茶，真心請教。見我們那麼有誠意，那位邱先生，於是就從簡單的做法說起。他告訴我們其實每年都有這類原屋主欠債或繳不起房貸，而資產被查封，房子被法拍的案例。如果可以事先做功課，那麼絕對可以撿到好物件，透過裝潢之後轉手，可以賣到好價錢。

我和我老婆當下聽了都讚嘆不已，但我老婆比較保守，當作聽故事一樣聽聽就好。但我卻覺得，這是個好機會。我想參與。

於是我問邱先生，像我們也可以投資法拍屋嗎？他回答說，任何人只要是臺灣的合法公民，都有權利參與法拍屋投資。

就這樣我開始跟邱先生請益如何投資。有一天剛好有個專案，他問我們想不想參與，我也表示願意。當時我們的身分就只是他的學生，見證如何買賣一間法拍屋。

後來我決定自己也下海一起做，而委請邱先生當我們的教練。這第一筆投資的本金，是用房屋抵押貸出來的，最多也只能貸到三百萬。我們的選擇很有限，但以法拍屋來說，還是有很多選擇。當時我們去訂了透明房訊冊子，每天白天顧店，晚上回家就看房訊。有時候看到晚上一兩點。

找到合意的房子後，會找個白天，店交給店員，我們就直接去看房子。

就這樣，兩年期間，我們也做了二十二筆買賣。那年是民國九十七年，房市還不錯，我們一直做到九十八年。

那段時間，我們先透過房訊冊子從數十間初步過濾一輪，找出適合自己能力可投資的物件，大約有十幾戶吧！再經過幾天思考討論，之後留下三間。然後就委請那位邱先生幫我們評估，最後再挑出最適合投資的一間。由於資金有限，我們只能選擇其中一間投資。

就這樣，有專業人員當教練，我們也夠用功，加上房地產市場買氣那時還很興旺。我們每買一間法拍屋，大約隔不到一個月就可以轉手出去，我們也不會貪要賺多，每間大約只賺到價差十幾萬。

這是我的初步投資，兩年內獲利並不算特別多，加起來就大約兩百多萬，但這樣的嘗試，讓我們知道，原來透過適當的投資，是可以帶來不少的額外收入的。

建立財商很重要

說起來，我的財商基礎建立，在我三十幾歲就有了。但真正的財商實務啟蒙，則是在我四十歲以後。直到近幾年，我因為各項投資成功，也更關注投資理財，每天除了經營事業外，一有機會就去參加有關財商的課程。

記得那是民國九十一年，也就是我的彩券行開出頭彩，成為臺灣彩券史上第一次得到頭彩的據點之一，那時我上電視接受採訪，被我的老朋友小馬看到，他後來專程回臺找我，一方面敘舊，一方面他也和我分享理財的知識。

就在那年，他介紹我《富爸爸，窮爸爸》系列叢書，並買了前四冊給我，但老實說，當年我因為殘障協會諸事操煩，加上彩券行剛開幕，而我自己本身主力仍在協會當總幹事，他買的書我只翻了前面二、三頁，就沒再看了。那四本書因此冰凍了約六、七年，直到七年後，也就是我開始做法拍屋投資後，才又想起當年小馬跟我提過的諸如「聰明理財」、「輕鬆工作錢就能流進來」還有「被動性收入」等概念，這才又翻出那些書來。這回我可是認真的看書了。

所謂「改變腦袋」就能「改變口袋」，那時我也才因此比較開竅了。

說起來，做法拍屋那兩年，雖然開始投資了，但就只是掌握一些基本關鍵，諸如邱先生傳授的法拍，一拍不用看，二拍剩六折，三拍剩四折等概念買賣，收取簡單的價差，背後並沒有深入的財務規畫，就只是簡單的買賣哲學：「用比市場低很多的價格買進，再用比市場低一些的價格賣出。」例如，我們可能用市場六折價買進法拍屋，加以整理後，再用市場八折價賣出，我們算是買低也賣低，所以不算是炒房。實務上，當時那個也不算是「被動收入」。

真正的被動收入，是在接下來的階段，也就是看完書後，參與的新投資，這才是擁有「就算我們不工作，也持續會有的進帳」。

然而要如何擁有「被動性收入」呢？

就我們當時所知道的，就是要當一個包租公。但當包租公談何容易，我們也才是投資理財的初學者，何況資金也不足。

當年影響我很大的另一本書，就是《祕密》吸引力法則，即所謂心想事成。我那時整天就在想，如何運用手中有限的三百多萬資金，設法讓自己可以當包租公，但光想還沒有用，我還做了一個夢想板，這也是書中學到的，就是把自己的夢想具體呈現出來。並且我也在隨身筆記裡，記下我的「夢想」，直到今天，已經十年過去，當年抄寫夢想的那頁紙，到現在我都還保留著。

夢想板裡條列著，我想要找的物件是什麼，細節清楚到包括：需要戶戶有陽臺、要鄰近學區、要有好的採光……我的夢想物件，就列在那裡，我內心的目標也很清楚，那就是我一定要讓錢「來得輕鬆又容易」。

最後怎麼了呢？

是的，如同讀者可以猜到的，心想事成，後來我們真的找到一間那樣的房子，根本就是依照我的「夢想板」內容，量身打造的，從那之後，我就更相信「吸引力法則」的重要。

正式成為包租公

那年，我開始當包租公了。

也真的很巧，雖然不是刻意的，但就真的發生了，當我後來改為投資套房出租，也就在那年，政府規範了奢侈稅，為防止投資客炒房，規範了房子一至二年不得買賣，否則會被課徵很高的稅。若我們還依照原本的方式做法拍屋，當時資金很可能就會被一棟房子套住，難以做其他應用。

總之，就在我們一心想要當包租公的時候，還真的有人主動找我聯絡，表明有個物件想要一起合作。對方把一切都想好了，包括後續專案買賣以及裝潢出租，他都可以負責，他所需要的，只是找個人共同投資。

當時我們去看物件，當下就很驚奇，竟然就像是我夢想板上條列的一樣。那是一棟樓，共四層，有一百多坪，樓下可以當作店面，二、三、四樓則可以隔成四十二間套房。

當時我唯一的顧慮，是停車問題，我本來覺得是否一樓就作為停車場，供二、三、四樓的租客使用，但對方（姑且稱他為陳先生好了）表示沒這問題，為了讓我放心，他也帶我去現場看，一一陳述哪裡哪裡可以停車，車位是夠的。就這樣我參與了這筆投資。

這投資很特別的，總價二八五〇萬，但銀行可以貸三千萬。如果是在尚未學習財商前，我可能聽不懂，甚至覺得這太危險，不敢做，但當時的我已經讀過《富爸爸，窮爸爸》以及一些投資理財書，知道這正是所謂的零首付，是非常難得的物件，簡單講，就是不用本金，就可以買到房子。

實務上，沒有如他所說的那麼好，我們還是要出資，因為還有工程部分，陳先生要我們出四百萬，他那邊也出四百萬，兩人合資這個專案，後續的事都由他負責。

我們後來真的把自己可籌到的三百多萬，以及其他東拼西湊而來的四百萬，參與投資，之後也真的當上了包租公。在那幾年著實每月為我們帶入一筆穩定的非工資收入。

但後來我們有去追查，特地前赴前任地主所在的潭子區，找到當時的交易文件，也才知道，其實前一個屋主，賣價根本不是二八五〇萬，只有二五〇〇萬，也就是說那位陳先生，根本不必再準備四百萬，他真的一毛錢都不用拿出來，就和我們一樣合資取得這房子，並且還賺到超貸的分潤。但我們也不會特別和陳先生計較，因為這是他賺利差的手法高明，以結果來說，我們投資也真的賺到錢了。

後續，又有一個案子，這回的案子更複雜，是那位陳先生的妹妹起頭的，這回是買地蓋屋，中間牽涉到更專業的，先是土融後來是建融，也就是先貸款買土地，再貸款蓋房子，房子蓋好後，再轉為房貸，可以出租八十二間。那年是民國一百年，我已經是擁有合計42＋82＝124間套房的房東了。

一百二十四間，那是個怎樣的概念呢？

每個月固定有一百二十四戶人家，要匯錢到我的戶頭的意思，或者換個說法，平均「每天」都有四戶人家，會匯錢給我，不論我人在國內國外、度假或者退休不工作，這一百二十四筆錢，在房客解約前，都會固定流到我的帳戶。那年，我才感覺到，什麼叫作「財富自由」，畢竟，我投資的金額不算多，都是我用自己房屋抵押借來的，我不是原本有很多閒錢的人，但透過適當的財商指引，就可以創造這樣的收入。

用心經營自己的物件

經過這幾年的經驗累積，我也算可以「出師」了。

初始比較不懂的時候，必須與人合作。而這樣的合作，多少都會影響自己的收入。

例如，民國九十七及九十八兩年，我買法拍屋，要支付買賣利差中約三分之一作為給邱先生的諮詢費。

再以民國九十九年我們合夥投資改套房的案子來說，中間過程施工階段，就有不只一次，督工的陳先生說要追加預算，一次兩次後，我們覺得這不是辦法，後來特地花了錢，去找了律師做公證，白紙黑字簽下約定，之後陳先生就真的再沒有來和我們說要追加預算了。

到了民國一〇一年，這回我自己獨資，那時我已賣掉四十二間套房那個物件，不含每年房租收入，光買賣差價，就已經賺了兩百多萬，這時比較有充裕的資金。我還是積極尋找戶戶有陽臺的物件，那年我投資了這個五十八間套房的案子。

所以那年我這個包租公，擁有82＋58＝140間套房。

說起五十八間套房，其實買到的過程也很神奇，也是在我心裡面先有一個大概的藍圖，包括戶戶有陽臺、自有停車位、戶內寬敞、還要有儲電設備比較好管理……等，我沒有設定期限，對我來說，找到好的物件比較重要。於是我再次的應用吸引力法則，並且運用書本裡提到要讓財富倍增的方法，就是倍增你的服務，設法把你服務的人或事倍增。

有一天，我的孩子，不小心把玻璃杯打破了，為了怕玻璃刺傷人，我趕忙找出舊報紙要來處理。

說到這，是不是有似曾相似的感覺？是的，當年我一心想要找到一種可以遙控的觀光飛機，當年也是整天朝思暮想的，然後就真的，當孩子不小心打破玻璃杯，我在清理玻璃時發現超輕航機的新聞報導。而這回又是我孩子打破玻璃杯，而我也是在清理玻璃時，被舊報紙的內容吸引，很巧的就是房屋廣告，那文宣形容的就是符合我理想標準的投資標的。後來就投資成功。

而投資房地產，主要有兩種收入；第一筆是長期的小額進帳，第二筆是當價格合理的時候，賺買賣的差價。

那時我的第二間投資案，也就是八十二間套房那個案子，主力是租給學生，後來有傳言，附近那所大學，預備自己在山上加蓋學生宿舍，並且預計要蓋十間電梯的學生宿舍，若消息屬實，那當然對我的房屋租賃是個利空，加上那筆投資一起在那裡蓋的鄰棟股東失和，我心想時候到了，這個物件該脫手了，後來賣掉也賺了差價，於是我另在大里買了一棟比較熱鬧、擁有金店面住商合一的屋宅。

後來知道那個大學的宿舍案，因為環評沒通過，所以宿舍沒能蓋成。但無論如何，我透過房地產投資，擁有比從前不懂理財的時候，多很多的資金。

所以我之後有機會開始擔任講師，我總會跟學員分享，財商觀念真的很重要，以我自己做例子，我是個下半身癱瘓，靠輪椅代步的人，說學歷也才高中學歷，說聰明才智也沒比別人聰明（高中時智商測驗才七十幾，據說八十以下屬於比較笨的），說能力也沒能力，說專業我也沒專業（沒學到技術，高中也只念普通科），說行動力明顯的行動障礙，我也不是什麼政商名流出入顯赫的貴族，我只是個平凡人，並且是比一般人弱勢的平凡人，但就算我年近五十才比較懂得財商，只要開始，就永不嫌晚，我依然可以創造自己的命運，達到財富自由的人生。

當然，財商是一部分，成功學以及如何與人相處的學問也很重要。

例如，我所投資的套房，雖然理財方面是靠財商，但經營還是要靠「用心」，我承租給學生，絕不是放了就不管，就如同我在彩券行，會記客戶的名字。我對於我的房客，也都很用心去交流，哪一戶人家住著誰我都知道，很多學生也都跟我變成好朋友，生日、過節我都會送禮及祝福卡片，彼此還會加臉書，方便聯繫。就有保金系及銀髮系的學生跟我說，他們家長都說我是個好房東，並說家裡人要他（她）們在這邊住四年（也就是整個大學四年）。

用心做事，加上適當的財商，就可以改變你的人生。

最後，我要強調，影響人生的關鍵，就是學習。

學習，改變你的人生

我這一生走到今天，也已經年過半百了。

回顧我自己前半生，自覺我最特別的地方是，經常在不可能的時候，創造出新的可能。而我也因此，參與了很多創新，例如我是脊髓損傷者第一個坐輪椅自行開車出門的，也是第一個坐輪椅考上職業小客車駕照的，我為身障人士福利請命，也在自己事業上，打造許多新紀錄。

但若要我對這一生種種的突破與成長做個重點詮釋，那我要很肯定的說，「學習」這件事，絕對扮演著最重要的關鍵。

一個人即便一無所有，不論任何的困境、難題、挑戰，只要他有一顆學習上進的心，他還是可以創造出新的可能。當一般人被現況打敗時，唯有懂得學習的人，可以打破困境，化解難題，突破挑戰後，再創人生新局。

一夜學習，逆轉乾坤

談起我的學習史，最早讓我印象深刻的經驗，是在國中二年級的時候。這裡說的當然不是指學校傳授的知識，那些只是基本課程，我指的學習是一種心境，一種「主動」求知的精神，以及具體的去找資源的行動力。

舉例來說，在學校裡上歷史課，聽老師教授中國歷史，這只是基本的學習，但如果一個學生，自己覺得對臺中的風土人文歷史有興趣，然後主動積極的去圖書館以及檔案資料庫查資料，那就是主動的學習。

通常，一個沒有學習習慣的人，會開始主動學習，一開始都是迫於情勢。以我來說，自己就是如此。

國二那年，不知道為何，有天我在自家雜貨店的門口，和一個國小四年級的孩子下象棋。然後我連輸三盤，根本就是被追著殺，當下覺得很丟臉、窩囊。

最糟的是，這件事已經不是我個人的事了，因為這幾盤棋，已經被好事的人傳為鄰里笑談——那個薛寶國，個子一百六的，竟然輸給一個個子小小的小學生。就連回到家裡，我母親也跟我聊起這件事：「怎麼回事啊？聽說你下棋輸給小學生喔？有這款代誌嗎？」

遊戲輸了事小，被當作笑話，事關尊嚴，於是我被迫必須雪恥。當晚就去書店買了一本書，書名大概是《象棋指南》之類的。這種書，不是小說，也不是可以一行一行讀的課本，而是必須邊看邊演練的書，一個晚上，我根本看不到五頁。只是演練了基本的棋步而已。

但即便如此，神奇的事發生了。就憑著前晚看的那五頁，第二天我就想要在棋盤上拚回顏面。記得那天我還特別在家門口等他放學回家，等到那孩子放學，我邀他再來拚幾盤，他點點頭，回家放了書包後，就約在我家雜貨店門口比拚。這回情勢就逆轉了，我連贏三盤，並且深信之後再下幾盤都一樣，因為我知道自己功力升級了，再怎麼比我就是會贏。

當然這裡不是在講我贏了一個小孩子有多了不起，而是我初次感受到書裡知識力量真的很大。一本好書，不會只看到當碰到A你要怎麼做？碰到B要怎麼做？重點是碰到A怎麼做背後的道理是什麼。

「怎麼做？」只是個案，但「背後的道理」卻可以影響一生。

以象棋來說，雖然我只看了五頁，要記棋步，怕也只記不到十招，但重點是，我抓到原來下棋的背後思緒的奧義，原來每個棋子走出後，蘊含的後步要怎麼走，以及代表的種種可能，這是之前我從沒想過的。

而這本書帶給我的另一層意義，甚至更為重要。

那就是人生要改變，唯有靠學習，雖然當時年紀輕沒有想太深，但當年深植的概念，日後陸續成為改變我人生的種子。

學習後再具體應用

第二次，我比較明確靠「書本」改變人生的，就是我一退伍後，當時想要成家立業，追女朋友的經歷。以結果來說，我不但追到我現在的老婆，並且在那之前還有兩次追女友經歷，每次都成功。這原本不是什麼大事，但如果人們知道，從前的我一看到女生，一句話都說不出來，就知道我轉變有多大，而那靠的全是書本上的知識。

當年我看的只是一本不入流的通俗讀物，書名類似「追女大全」之類的，但即便如此，書中闡述追女「背後的重要概念」，原來女孩子的想法是這樣、原來當女生表達什麼時，內心其實是哪個意思……等等，不但有助於我當時追上女友，其實也重新建立我的兩性觀念。

如果不主動學習，一個人根本不可能很快的有這樣的改變。

之後的人生，包括我受傷後，從無到有，開始去了解一個下半身癱瘓的人該如何生活，那時就算只是透過一本脊髓損傷小冊子，也讓我獲益良多。讀書，不是去背書上寫出來的一條一條知識，而是抓住書中讓人「心中一亮」的觀念。也就在那時候，我才知道，原來就算坐輪椅也可以開車，下半身癱瘓的人也可以維繫男女關係。

但對我來說，學習，一定是伴隨著實務，並且有可能的話，我還會創新。例如最早時候學象棋，不只看書，還要具體應用，後來交女友，當然也是具體去追女孩。而在我看了有關脊髓損傷手冊後，我得到的觀念，還會想要具體落實，當時我還發現，知與行之間有很多困難，必須一一克服。好比說，小冊子讓我知道，原來在國外一個人即使坐輪椅也可以「獨立自主」開車，我當時就很興奮想去了解，但後來所問到的答案，卻是可以上車，但輪椅怎麼處理呢？別人給的答案通常就是交給一旁的伴侶幫忙。所以搞半天，原來並不是「獨立自主」嘛！還是需要有人陪。為此，我還必須自己設法去找答案，而既然那個答案，在以前全臺灣都沒人想過，我自然變成必須是第一個想出解決方案的人。

後來我聯絡到一個小兒痲痺患者，他本身就是可以獨立自主開車的人，但奇怪的是，不知為何那樣的觀念沒有普及，他個人有一套手動開車的方法，可是沒人推廣、無法普及。直到我遇見他，我把他應用到脊髓損傷領域，之後還透過行動廣宣變成一種社會現象。我所找出的「上下車」法，後來變成是全國的範例。

可以說，我自己先是「學習」所改變，後來我又更多元化學習，於是開創了新局。如果，當年我沒有積極去學習，很有可能我還是個天天躺病床上自悲自嘆的人，後面的人生發展就會截然不同。

學習如何學習

在學習過程中，我也發現：第一，求知欲很重要，你有多大的渴望，才會有多大的結果；第二，每個學習，可能可以開啟生命的一道門，但人各有機遇。有的人發現了一整個學習系列，有的人可能僅僅淺嘗第一頁就停止。

無論如何，學習若得法，人生就會改變。

在我受傷後重新投入小客車租賃事業的時候，由於車輛出租難免有各種狀況，例如車子可能在外頭有損傷，於是有理賠糾紛等等，我是個坐輪椅、體能上比較弱勢的人，當碰到與客人的各種衝突也需要保護自己，因此，我那時就養了一隻德國警犬。

養警犬，可不是養寵物那樣怡情養性的事，養警犬是要培訓有實用目的的。那時我買那隻警犬花費兩萬多，但培訓費用甚至更貴，我將警犬送到警犬培訓所，費用高達三萬。

然而，回家後，警犬卻不聽我使喚，我依照教練的方式要警犬聽話照做，但警犬卻不接受我的命令。不得已我帶警犬又回到訓練所，一到訓練所，教練發出命令，警犬又變得乖乖聽話。我只好摸摸鼻子帶著警犬回家，一到家，警犬又變得不聽話，不得已我又得回去請教。如此三番兩次跑培訓所，我也覺得累了。到底問題出在什麼地方呢？乾脆，我自己買書來看，後來一看書，才知道，原來使喚警犬是有些竅門的，例如不論任何時刻，只要警犬靠近自己，要先摸摸牠的頸背，喊喊牠的名字。其他還有一些竅門，我都是看書才知道的。

難道是警犬培訓所故意留一手嗎？我覺得也不是這樣的原因。應該是對訓練所來說，這件事因為已經非常駕輕就熟，所以他們忘了我們只是一般百姓，無法如他們那樣熟悉。

這次狀況後，我就真的知道怎麼使喚狗了。

這件事也影響往後的學習。我知道學習任何的課程，都不只上課聽老師講，也要認真看講義，並且有問題都會和老師充分溝通，因為我知道，老師本身已經是專家了，但他們不一定可以充分了解完全不懂的初學者心聲。這部分就要靠溝通。

這樣的經驗，讓我往後的學習更快。

後來我在協會工作，為了因應各種作業，例如寫企畫案、寫補助案，了解各項政府規範等，我也經常去上課，熟習法規以及各種作業流程、非營利組織個案管理、組織行銷策略……等，那些學問，有些是通用性的，就是一個觀念，可以應用在很多地方；有些則是單一性的，例如新推出的專案，其他針對不同的政府單位部門，有不同的表單，以及補助申請流程等等。這些學習，都是為了應用。

所有的學習都是好的，在職場上，有的人要加強自己的專業，那就是學習本科的東西，有的人要加強自己的核心能力，那就要學習有關這項能力相關領域的知識。

我們不僅要「學習」，還要懂得「如何學習」。

改變可以帶來很大的影響

其實我們會發現，如果碰到什麼事情不懂，不要就想丟給專家，試著自己去嘗試，就會找到解決方案，同時發現學習的樂趣。

下棋如此、追女友如此、養狗如此、學習輪椅生活如此、追求財富自由的路上亦如此。那麼，如果不只是學一項事物，不只是想了解一項技能，而是在腦中培育新的觀念呢？那帶來的影響更是強大。

舉個影響我很大的例子，當我在協會服務時，有個機緣，接觸了卡內基課程。

這課程就改變了我很大，如同前面我也曾說過的，這個課程不只改變了我與人應對進退的關係，我也讓我的家人一起來上課，共同提升自己與人應對進退的能力。這能力不只改變我們的生活態度，後來也變成我是事業發展的助力。

這裡也摘錄了，我在卡內基課程中學到的諸多信念中，其中九條奉為圭臬，我隨身攜帶在我的皮包裡，時時提醒自己：

①不批評、不責備、不抱怨。

②給予真誠的讚美與感謝。

③引發他人心中的渴望。

④真誠的關心他人。

⑤經常微笑。

⑥姓名對任何人而言，都是最悅耳的語音。

⑦聆聽。鼓勵別人多談他自己的事。

⑧談論他人感興趣的話題。

⑨衷心讓他人覺得他很重要。

這九項人際關係守則，也許每個人看了都覺得，這很簡單，這沒什麼。但就是因為落實這九項，所以我的彩券行，年年的業績都名列全國前幾名。

而在更早年代前，另一堂大師的課也影響我很深遠，當時我比較年輕，受到這堂課的啟發，改變了我的做事態度。

那個影響我的大師，叫作博恩．崔西（Brian Tracy），是個勵志講師。我雖未見過他本人，但曾上過博恩．崔西臺灣分部的火鳳凰研習營，那是一套有關成功學的系列人生智慧，涵蓋了人生多元的指引，可以激發潛能，建立嶄新思維。

當時我年紀較輕，大約三十五歲的時候。那堂課帶給我的影響，主要是在兩件事上，一個是對待家人的態度，一個是我戒掉多年的菸癮。

記得在我尚未受傷前，有一回可能小孩太調皮了或者哪裡惹到我了，我大發雷霆，盛怒之下，我重重的懲罰我的小孩，那時我兒子大約三、四歲。打到我母親和老婆急忙的跑過來，然後心疼的抱抱孩子，當時我母親還把孩子的褲子脫下來，給我看那打得紅腫的屁股，老婆則抱著孩子哭，說：「你怎麼可以把孩子打成這樣。」

那時我年輕氣盛，只覺父母親教訓孩子天經地義，不乖就打，這沒什麼。但幾年後我上了博恩．崔西的課，我的心頓時感到一種理解，當年我打了孩子，是為了愛沒錯，只不過把愛跟情緒混淆了，但其實內心也是後悔的，只是嘴硬不肯說，卻始終沒有忘記當年孩子哭泣的聲音以及老婆責備的眼神。

在博恩．崔西的課堂上，我打開了潛意識，照見了自己內心的愧疚與自責，我不再逃避了。那天回家，我找來兒子女兒，針對過往身為一個父親教訓他們的方式，我深感自責。

「爸爸在這裡，衷心的跟你們道歉，是我這做爸爸的有錯，當時不應該這樣對待你們。」邊說著我自己也流出真心的淚水，兒子當時跟著我一起哭邊哭邊抽搐，面對爸爸的表白，一時之間淚如泉湧般的停不下來。

後來我也找一天和我丈母娘聊，說我很感激她教養出這麼好的女兒成為我的賢內助，她是最好的丈母娘，而我也衷心感激，能當她的女婿。丈母娘當下也感動得流淚。

被老婆看見了，她私下語帶責備的告訴我：「寶國，你是都跟孩子和我媽講什麼啦？你不要這樣喔！不是讓孩子哭就是讓我媽哭？你到底跟他們說什麼？」但我知道她這話的背後是對我們滿滿的疼惜和愛，而我也哭笑不得的和她解釋全部的原由。

另一個影響，有關我戒菸一事。

我的菸齡也不短，從我國中時代叛逆時期就在抽菸了，二十幾年的菸齡，中間也曾戒了七、八次，都戒不成，甚至我後來受傷了坐輪椅，明知道抽菸有害健康還是戒不掉。但後來在博恩．崔西的課堂上，有一句話我聽進去了；記得那句話的意思是：「我們人啊！堂堂六尺之軀，結果卻被只有短短十公分左右的香菸所控制，這不是很可悲嗎？」

這句話帶給我內心很大的省思，而且我也記起，每當我在家抽菸，女兒總是捏著鼻子說：「好臭好臭！」我為什麼要讓自己被香菸主宰，並且要讓家人不舒服呢？

這個念頭一起，當天我就宣布要戒菸。並且我告訴家人，這次我是真的要做到。如果做到了，每戒一天，女兒和老婆就親我一下。

後來第一天我就做到了，我開玩笑的叫我女兒：「乖女兒過來親一下吧！」她躲得遠遠的說不要，還好我親愛的老婆過來，「沒關係，由我來代勞。」就這樣她真的親了我一下。

這種關係多美好，戒菸其實變得一點也不難。從那天開始，到如今，近二十年過去了，我再也沒有抽過一根香菸。

原來，改變內心的力量是那麼大。

如果，人人都能啟動改變內心的能量，那將可以全心改變自己的生活以及周遭人們的生活。

學習，就從現在開始

我聽到了許許多多的故事，以前，以為聽故事是小朋友的樂趣，成年人了，還聽什麼故事？

但上過許多的課程，愈來愈相信，成人才更需要聽故事，因為成人自以為自己什麼都懂了，其實大家都只是不同程度的井底之蛙。

有人以為辛苦賺錢，人生就是這樣不斷打拚就對了。但卻不知道，懂得財商觀念，可以翻轉人生，可以讓自己更有效率累積財富，更早實現夢想。

有人以為自己擁有大學文憑，也有個好工作了，這一生不需要再學什麼。

但一個人如果停止再學習了，也就停止人生的進一步發展。

有的人是大富豪，但心靈空虛，他需要學習。

有的人事業成功，但活得很不真實，他需要學習。

更多人，財富事業家庭乃至於健康，都只是勉強過得去而已，更需要學習。

學習，可以從聽故事開始；學習，可以從讓自己變得謙卑，願意虛心聆聽開始。

學習，真正能帶來最廣大的影響

曾經在學校外的課程上，老師問我們：「同學們，你們知道，美國建國才兩百多年，為何可以那麼成功，變成世界第一強國？」

老師的答案是，因為美國有「成功學」。

大家都聽過鋼鐵大王卡內基，他是當年和洛克斐勒並列的世界首富，也是現今全世界慈善事業的基礎奠定者，他帶給世人最大的影響，除了他的事業理念及創業精神外，還有一件事，至今影響久遠。

原來，在他晚年的時候，有一回他找來一位年輕人，卡內基跟那個年輕人說：「我年紀大了，想要有一些東西留給世人。我想交辦你一個任務，這個任務就是我可以介紹我身邊五百個成功的人士給你，請你用二十年的時間去訪問他們，最終要寫成一本書，告訴世人，人們可以怎樣成功。這本書將帶來世界重大影響，但請不要以為我會付你任何一毛錢。這是個吃力不討好的差事，你可以拒絕，我不會責備你的。」

接著，卡內基拿起一個碼表，告訴那個年輕人，這件事現在就要決定，要或不要，給你一分鐘抉擇，當下按下碼表。

那個年輕人，沒想多久就直接喊著：「別再計時了，這個任務我接了。」

之後果然花了二十年，成就了一本書。那個年輕人名叫拿破崙．希爾（Napoleon Hill），採訪了五百多位成功人士寫下膾炙人口的成功法則，使他成為最著名的勵志導師。他的著作流傳了百年，後來又改版好多次。他的學說，透過徒子徒孫的傳遞，影響了許許多多的人，包括當今世上最知名的勵志大師安東尼．羅賓（Anthony Robbins），以及華人圈的陳安之、黃佳興、梁凱恩等，成功學的最最源頭，就是成功學之祖拿破崙．希爾。

我想強調的是，一個改變造福很多人，那個改變的影響力真的很強大；當被改變的人是一家之主，那麼，他的全家生活就會改善；當被改變的人成為創業家，那麼，帶給國家經濟社會成長莫大的貢獻。那個改變，可以讓一個人從谷底提升到高峰，讓一個原本的惡人成為救助眾人的善人。

也曾經想過，怎樣對社會比較能有貢獻。如果一直捐錢呢？財力終是有限，也只能救急不救窮。做志工？一個人的時間、精力有限，當志工可以助人，但可以幫助的範圍依舊有限。

到底怎樣才能帶給世人最大的幫助呢？

答案就是「信念的傳遞」。與其救助一個迷失的人，不如透過改變他的心，讓他自救。而一傳百，百傳千，這樣幫助的人才會多。

因此，我在發現學習的重要後，就立志，我的人生道路，一部分投注在事業發展，一部分投注在聰明理財，還有很大的一部分，就是要投入信念的傳遞。

吸引力法則的重要

我在民國九十一年第一次知曉《富爸爸，窮爸爸》系列書，但直到民國九十八年才真正好好的拜讀，也就在那年開始，我的財富成長不只一倍、兩倍，而是成長到不同的新境界。

從那時開始，我一有機會，就鼓勵我的朋友們，有機會就要學習，學習可以很多元，但若針對財富自由領域，我強烈建議要培養財商觀念。其中有三套書，是務必要讀的，這三套書，都已經流傳十年以上，且歷久不衰。我建議可以依照以下順序閱讀：

①先研讀《富爸爸，窮爸爸》系列，前面四冊。

②再研讀《祕密》一書，同樣有一系列的書和影片課程。

③最終還要讀T．哈福‧艾克 (**T. Harv Eker**) 寫的《有錢人想的和你不一樣》。

我相信只要用心去讀這些書，並且具體落實在生活上，我們的心境乃至於經濟狀態就會改變。

以我個人來說，在事業上影響非常明顯的，就是從這些觀念裡學到的「吸引力法則」

我知道，許多人都讀過《祕密》，但讀完後抱著懷疑的態度。什麼？心想事成？有科學根據嗎？人類都已經登上月球，知道那只是充滿石礫的衛星，為什麼還有人相信可以「向宇宙下訂單」這種傻事？然而，人們就是因為不相信，所以人生就永遠無法突破。

如果說我的彩券行，靠著《祕密》一書所說的吸引力法則，常常開出頭獎，你相信嗎？相信很多人會嗤之以鼻，如果靠「相信」就可以開出頭獎，那大家都不用工作，每天都去想要得頭獎就好。

但重點是，我們不但相信，並且是抱持著正向的信念，我們希望業績提升，目標是要幫助更多的人。我不只自己相信，並且也讓我們全體員工，人人抱持著這樣的信念，頭彩，一定會在我的店裡開出。事實也證明，從民國一〇〇年開始，我們年年都開出頭彩。

而為了加強這股信念，每當開出頭彩，我們都備覺感恩，我也會給全體員工獎金。曾經有一次，我們又開出頭彩，請廠商製作紅布條，上書「狂賀開出第八次頭彩，力拚第九次」。結果，紅布條還沒做出來，我們又再度開出頭彩，我們就去電廠商：「你們動作太慢了，我們已經開出第九次了。現在請直接製作『狂賀開出第九次頭彩，力拚第十次』」想想，乾脆又請廠商直接製作再下一次的紅布條「狂賀開出第十次頭彩，力拚第十一次。」

就是這樣的信念，讓我們彩券行總是喜氣洋洋，客人更是源源不絕。

有關信念的力量，在民國一〇一年還有一件事。

在那前一年年底，我一生最大的恩人，我親愛的父親因病過世。那年我們忍著悲傷舉辦了喪事，也收到來自各界的關懷。

在悲傷中，我感念父親的種種恩惠，想要將他的愛，以更崇高的形式表現出來。當時臺灣彩券公司正在推動「買彩券、做公益、積功德」的理念，我也想要將父親的遺澤化成公益，用來照顧更多弱勢族群。於是選在民國一〇一年母親節這感恩節日前夕，抱著飲水思源的心，將父親喪禮中收到的奠儀，湊足成二十萬元捐贈給中國信託慈善基金會，作為援助弱勢兒童之用。這件事當年也被許多媒體報導過，但重點是我們散發的信念，我們要追求財富，但更不忘對這社會感恩。爾後也陸陸續續捐出頭獎得主所包的紅包，再加上我湊成整數作為救助之用，在一〇五年時更捐贈一百多萬給臺中市政府，購置一輛高頂復康巴士。

我深信，也就是這樣的信念，還有父親在天之靈的護祐，彩券行的業績原本在我們改變微笑待人等態度後，有了很大的提升，但在一〇一年那年更是業績大幅攀升，到了一〇二年又來到一個高峰。往後直到今天，年年都有佳績。

這中間有我們的努力，但我們也相信「心想事成」的力量。因此，有機會，我總和朋友分享，吸引力法則的重要。

從犯錯中學習

說起學習，其實，人生本身就是一段長長的學習史。

只不過，有的人是用一生換取悔恨，成為別人引為借鏡的範例，但他自己則身處遺憾中，來不及學習就已經無可挽回。

多數人則用青春去碰撞錯誤、經歷失敗，終於習得教訓後，才能讓未來路途比較不那麼坎坷。我的老師曾說，年輕時經歷過大挫敗，是幸運的，總比到了七老八十才發現全盤皆錯，那時悔之已晚！

寶國我不是聖人，一路走來，也犯過許多的錯，甚至其中一個錯，還讓我必須終身受困在輪椅。

有的錯，變成下一回走上正途的指引。好比說我曾經投資失敗慘賠，這讓我下回更懂得慎選投資標的，也懂得將資金做分配，不要將所有雞蛋放在同一個籃子裡；好比說我的彩券事業也曾業績不振，這讓我思考，如何才能挽救頹勢，也因此我可以找出方法，讓事業發光發熱，還受到媒體專訪報導。

但有的錯，則是帶來無法彌補的遺憾，自己從天上摔下來重傷癱瘓，這當然是其中一個，但這裡我指的是對別人的傷害。例如說錯話，傷了別人的心，讓對方一輩子背負陰影，特別是若對自己的親人傷害，因為自己的舉止不檢點，帶給家人傷心難過；事後想想，雖然有時可以用自己「年輕不懂事」來自我安慰，但終究那些過去，輕則讓父母傷心，重則造成更大的遺憾。例如近些年來，每當看電視，有什麼富少開車闖禍、沉迷毒品毀了大好前程等等，都覺得替他們惋惜，不忍苛責年輕人的迷惘，只是可惜，他們在走錯路的時候，沒有遇到貴人拉他們一把。

我衷心覺得，閱讀本書的人，若身為家長、師長者，若身邊有適逢青少年階段的子女或學生，我想說，也許平常只要願意多付出一點關懷，多一點注意，也許一句話，一個提醒，可以讓原本正在醞釀中的大錯誤得到攔阻。

那即將點燃的暴力之火、放縱之火，在尚來得及挽救，還未擴大前，能被即時撲滅。

曾經我在高中那三年，做了很多荒唐事，現在回想起來，連自己都不明白為什麼，可能純粹是所謂叛逆期的賀爾蒙作祟吧！那段日子，我抽菸、吸食強力膠、曠課、打架，已經被記了兩大過、三小過，只要再犯個錯，就準備被退學了。

而就算到那階段，我卻仍不思悔改，繼續混小太保，到處遊蕩、晚上賭博喝酒，自以為這就是瀟灑。甚至有次被教官抓到我又在抽菸，他要我寫悔過書，我竟然還故意激怒教官，在悔過書上故意寫著：「天若不抽菸，雲煙不在天；地若不抽菸，地應無炊煙。天地既抽菸，抽菸不愧天，所以不抽菸，才有愧天地。」但最終，教官看完我的「生花妙筆」，沒有生氣，他只是搖搖頭嘆嘆氣，也沒有要我重寫。

現在想來，當時教官是持著一念之仁，他看到這個薛寶國，本性不壞，只是年少輕狂，被朋友帶壞了。簽個記過單很容易，但一被退學，這孩子一輩子也就真的毀了。

就是這類的包容，加上我前面寫過的，我父親雖然對我失望，但仍用愛心對待家人的方式，關懷我。最終換來我浪子回頭。

真的感恩父親，感恩師長。

我也希望若有機會和年輕人分享，能夠用我的經驗告訴他們，年輕，誰都有過，身為過來人，我們期許他們，偶爾貪玩不小心跌跤，那是難免的，但別忘了走過叉路，趕快回頭；跌倒了，再爬起來，下次同樣的錯不要再犯。

寫到這，我要再來提另一種人生過錯。

是的，即便我到了四十幾歲，都已經成家立業，兒女也不小了，就算那樣的年紀，我還是可能犯錯。

傷了家人，做了不良示範。

其實，在寫這本書時，我也猶疑再三，到底要不要把我犯錯的歷程寫進去呢？是否就把我後來成功的故事寫出來就好？但最後，我覺得做人要誠實，這本書是我用心寫就的自我成長歷程。我不該逃避，如果我自己的故事，可以帶給讀者正面的啟迪，我就不要避諱去談，我人生後來犯過的錯。

並且已經事隔十多年，感恩老婆的原諒，這裡我簡述一下那段經歷。

這一生不再讓妳傷心了

這裡我要說的那件事，發生在二〇〇六年，也就是因為經過那年的事件，我隔年幡然悔悟，全力投入彩券經營，才有了後來事業的榮景。

話說在二〇〇六年之前幾年，那段時間，我們家經濟情況不穩，我還在協會工作，面對工作及經濟雙重壓力那段歲月。最嚴重時，我的頭髮不規則脫落，形成一個一個顆粒狀。

當時我面對壓力的方法，卻是選擇逃避。不只逃避一個男人應該勇於承擔的責任，甚至逃避一家之主對於照顧家庭的義務。

我迷失了，我發生了外遇。

現在想來，不論多少的藉口，都無法原諒我怎能那樣子傷害愛我的老婆，曾經我被判終身癱瘓，老婆她仍無怨無悔的跟著我，但換來的卻是，我在那年，只因壓力及迷惘，竟然和別的女人產生感情。

那段日子我既感罪惡，但當想到生活壓力，又繼續選擇逃避。就像沉迷毒品的人般，明知那是不好的事，但就是陷了進去。甚至還狠心的直接跟老婆攤牌，問她是否覺得離婚對雙方比較好？

堅忍的老婆，想到子女都還在求學，覺得大人的事不該造成孩子的成長陰影，所以堅決不離婚。而我已經喪心病狂般，不顧自己家，整天泡在別的女人家裡。

只是日久見人心，幾個月下來，我其實也已經覺得不對，一時的激情，怎能取代一輩子的恩情？

就在二〇〇六年的冬天，某日，尚未迷途知返的我住在別人家，天冷，那人好意為我燒熱水讓我浸泡。由於下肢癱瘓，神經已經沒感覺，血液也流通不暢，我終年雙腿是冰冷的，可能因為如此，那人不明就裡，以為我雙腿被凍冷，於是為我準備的熱水過熱了些，讓我坐在馬桶如廁一邊浸泡著，之後洗腳時，當我邊擦腳發現腿還會掉皮，自己看了還以為是腿垢，直到後來看看愈來愈不對，方醒覺雙腿已經燒燙傷破皮了。這下糟了，必須送醫院。而在那當下，我想到的還是自己的老婆，只有老夫老妻的她，知道該如何照顧我。

帶著愧疚的心，我回到自己的家。迎接我的是老婆哀傷的眼眸，但即便如此，她依然堅強，依然守候著這個家。

知道我的傷勢後，她二話不說，也沒任何的嘮叨、抱怨，她即刻帶我去醫院，之後也每天帶我去換藥。我想乞求她的原諒，但老婆只是悉心照顧我，即便邊蹲在地上幫我換藥邊流淚，她還是一絲不苟，耐心的處理我雙腿的傷口。

我看著老婆，滿心的悔恨，想要跟她說對不起，卻又羞愧到不知道該說什麼，當老婆滿眼淚痕抬起頭，看著我也是兩行清淚，她默默不語，繼續低下頭，幫我包紮。

往後有長達三個月時間，每天要去醫院換藥。這世界上，只有我老婆有這耐心每天無怨無悔的照顧我，事實上，她照顧我這個殘弱之軀，已經二十年多年，我竟然如此不知感恩，我真的非常自責。

也就是從那時開始，我真正下定決心，這一生我絕對不要再辜負她，不要再讓她傷心了。

愛老婆的一百個好處

人難免會做錯事，但只要懂得悔改，並且抱持著衷心的感恩。那麼宇宙還是會回饋給我們正能量。

這回我犯的錯，真的太大了，我說再多的對不起都沒用，我要用行動證明，我是個男人，我要照顧好我的家人，就從二〇〇七年開始，我用心投入在彩券事業。同時間，我也一直在想著一件事：老婆對我的恩情如山，我該如何報答她呢？

不夠羅曼蒂克，且行動又不方便的我，當時想到的方法，與其說是報答老婆的方式，不如說是我自己內心在自我反省，給自己一個功課做考驗。

我想要寫出「愛老婆的一百個好處」。當時只是一種懺悔的步驟，後來才想到可以把這當作我們的結婚的周年禮物。

我和老婆巧眉是在一九八六年結婚的，到二〇〇七年四月滿二十一年。

那陣子我白天忙工作，夜晚有空檔就在電腦桌前，一個字一個字打出我愛老婆的好處。我自忖學歷不高，肚裡沒太多墨水，我用心打了二、三十個理由後，接著就不知該寫些什麼，想到的都是同質性很高的內容，畢竟，光她付出一輩子青春無怨無悔的照顧我這個終身坐輪椅的丈夫，就已經是很偉大的情操。

但我下定決心了，就是要寫滿一百個，於是我從早到晚，觀察著我老婆，我從她的日常生活中，要來感受她對我的好。結果，我愈看愈覺得她好偉大，乃至於有時候我邊看著她，竟然哭了起來。老婆一轉身看到我哭了，嚇得跑過來問發生什麼事了，我趕忙說：「沒事，謝謝妳，有妳真好。」

就這樣，來到了四月廿八日，周年慶那天，在那之前我已經約好要帶她去山上賞花，她也高興的稍作打扮，當天就興高采烈地與我乘車出遊。邊開著車，她邊看著窗外的山林，或許感知到前陣子的外遇風波已經煙消雲散，她表情綻放出真誠的愉悅。就在某個山路旁的休息處，我把車稍停，然後遞給老婆一封信，內裡裝的就是我這段日子以來逐一列出的「愛老婆的一百個好處」。

初始，她有點莫名其妙，個性單純的她，看到我給她一封信，甚至還擔心這是什麼不好的宣示嗎？當終於打開，她鬆了一口氣，可能心想著，這老公啊！老夫老妻了幹嘛寫這個？那當下，已經老大不小中年的我，卻宛如青少年初戀般，害羞到不知道該說什麼，只顧著開車不發一語。而正一行一行看著我的信的她，一路也默默無聲，像是怕一開口，眼淚就流下來似的。

就這樣，我們夫妻倆，度過滿二十一年，最難忘的結婚周年慶。

彼時，山裡下起一小陣雨，當雨過天青後，竟然還看見一道彩虹。我內心裡和天上神明感謝了好幾百次，感恩上天，讓我在犯錯還未太遲前，來得及挽救我和巧眉間的婚姻。

謝謝，謝謝，除了謝謝，我真不知該說什麼了！

永遠處在愛的進行式

願意認錯，願意承認自己內心的脆弱，願意請求家人原諒，願意幡然醒悟走回正道。

終於，我回來了。並且，經歷過這一切後，我和老婆的感情反倒變得更好。從二〇〇七年那年起，我們簡直像重新戀愛般，日子整個變得不一樣了。

我們有更多的交流、更多的分享，原以為扶養孩子長大這些年，大家都忘了什麼是愛，其實內心裡，我們都已確認，沒有對方的世界是不可能的。

也因為這樣，我們聊起從前的事，才發現很多事以前沒講過，若未經過這次事件，可能都還被塵封在記憶裡。

例如，我和老婆聊到那段我們租車事業失敗，我必須去開計程車，而她要開娃娃車的日子。我說，當時我都覺得好丟臉，曾經一個大老闆，現在淪落到開車載人，我很怕被認識的人看見。

說到這，我老婆也睜大眼睛，「其實我也是這樣。」她說著，那段時候，她邊開娃娃車，邊害怕被從前的客戶看見，但愈是想躲就愈躲不掉，她還真的載到以前客戶的孩子，那是一位貴婦，她的兩個孩子被送去念貴族幼兒園，而巧眉正就是那個幼兒園的娃娃車司機。那時，她只覺得好尷尬。

說著說著，我和她眼睛都濕濕的，然後想想這已經是很多年前的事了，又不禁拍打對方，「妳是在哭什麼啦！」邊哭邊笑著。

也聊起當年我重傷在醫院，曾經我想要輕生，覺得活下去沒意義了。那時我戴著氧氣罩無法說話，老婆在探病時，塞了一張紙條給我，告訴我，她和孩子都需要我。因為這樣的激勵，我後來終於脫離危險期，轉到普通病房。就在我被推到普通病房那天，老婆在床畔陪著我，然後她突然解下戴在頸上都已經超過二十年的玉珮，默默的把玉珮項鍊戴在我頭上，那當下，我們都不言不語，只有相對淚兩行。

那時我沒問她，為何送我項鍊？我只知道那是她家傳很珍貴的寶物，她過往都捨不得脫下來的，當天她卻義無反顧的用行動證明，我才是她的珍寶，她把項鍊戴在我身上。十幾二十年後，我再次問她這件事，她笑笑的說，都已經過了那麼久的事，講這做什麼？我也跟著笑笑，那時候窗外陽光照進來，覺得世界好燦爛。我才體會到，什麼叫做「兩忘煙水裡」。

愛要珍惜，愛要把握，感恩老婆願意接納犯錯的我。

我願意和老婆，處在永遠愛的進行式裡。

那年我寫了「愛老婆的一百個好處」後，不久也正是我的彩券行業績蒸蒸日上，被媒體採訪的時候。正逢七夕情人節，媒體採訪我時，無意間聽到我寫「愛老婆的一百個好處」這件事，竟決定要來專訪我，於是我上了兩次電視，一次是因為彩券全國第一家開出頭獎，另一次就是「我愛老婆」這件事成了全國新聞佳話。

那年我寫了「愛老婆的一百個好處」，同年我也寫了給父親的一封信。都是我用真情寫就，原文也放在本書附錄，給讀者分享。

事過境遷後，有一年，那時家裡經濟還很困窘，但我們還是籌了一筆錢，我帶著妻子去了一趟美西之旅。那年，我們參觀了大峽谷，也住在拉斯維加斯，吃得好睡得好，每天欣賞壯麗風光，我看到我的老婆每天展露笑顏。那時我就立下心願，人生就應該像這樣子，人生就要追求這樣的生活品質，並且還要財務無虞。而看著那陪著我歷經滄桑的老婆，我也對天發誓，我人生的願望，就是要讓我的老婆，這一輩子都可以過好的日子，可以環遊世界。

隔年，我們的財務狀況透過投資理財，開始有了改變。此後每年收入一直成長，我也信守承諾，好好的對待我老婆。每一年我都會規畫旅遊行程，坐著輪椅，陪著我這輩子最心愛的人，去到不同國家旅行。

光在二〇一八年，我就已經帶著老婆去過十五個國家，之後還要去南極，去天涯海角。我要跟心愛的老婆巧眉，長長久久，恩恩愛愛。

邀請你一起來學習

我的心願之一，讓老婆可以環遊世界，這心願我持續進行著，每年都要做到。但我還有一個心願，是關於是自己的，那就是我想創立一個文教基金會，以學習為主題，真正去幫助很多人、影響很多人。

在多層次傳銷界，以及諸如保險、房仲等業務領域，領導人經常說的一句話：「聽話照做，複製成功人士的做法，我們就能成功。」

多年來，我勤於上課，也複製很多成功人士的作法，我的確改變了人生。但我也發現，雖然在大方向上，複製成功人的模式，可以改變自己，但信念可以改，基本的實踐方式，卻可能人人不同。

這就又回到那句話：「看魚的哲學。」

我覺得人生最重要的還是「學習」。

我們可以模仿成功的人，但力道仍不如自己從內心深處想要真正改變，那樣的改變，可以伴隨著你一輩子。

因此，我想要成立一個以「學習」為主題的文教基金會。

在這樣的基金會裡，我想扮演種子的角色，也就是說，我自知不是大師，但我願意無私的將自己從大師所學到的信念、觀念及各領域的理念，如財商以及成功學等，分享給廣大的民眾。

如果其中有想要進一步深入學習的，我再引介給我推薦的導師。

說到這，我要再次提到「吸引力法則」。

不論是《富爸爸，窮爸爸》系列，或者《有錢人想得和你不一樣》，都提及，每個人都應該找到屬於自己人生的財務教練。那時候，我就積極想要一個財務教練。抱持著「吸引力法則」，我就全心全意想著這件事，在心中也不斷調整，我到底需要怎樣的財務教練。果然心想事成，大約這樣子一年後，有機會我接觸到了王派宏老師，他公開招募要招收學員，於是我加入他門下，受惠良多。在認識他的隔年，我就投資了太陽能發電，每年投報率高達百分之十。

近年來，我也陸續的認識許多各領域的名師，這些老師們，有的啟發我的新觀念，有的指引我學習以及事業的明路，並且每位老師都讓我有種豁然開朗的感覺。所謂「學無止盡」，學習永遠不嫌晚，雖然我直到四、五十歲，都還沒有什麼成就，但只要下定決心開始想學習，人生就會有所改變。

感恩這許多老師：

林偉賢老師，帶給我最大的影響，是讓我重新反省自己，他說：「許多的人用大部分時間賺錢，卻從沒有去規畫一個值得擁有的生命。」的確，許多人每天日復一日上班，做著千篇一律的工作，卻沒有好好停下來去想想，這一生自己到底想成為怎樣的人？他帶給我心靈啟迪，也打開我的新思路。

杜云生老師，透過他的「絕對成交」課程，讓我恍然大悟，雖然我做的是傳統服務業，但我不只是在做銷售，我做的其實是提供客戶價值。當我這樣想的時候，銷售的心境就全然改變，銷售時不再會退縮，因為我只是想分享好的產品，不需要畏懼，一切都是為了客戶好，所以銷售結果不論好壞，不會帶給我挫折感。

也感恩杜云安老師，他給我有個舞臺，讓我成為授證講師，可以開班授課，並且他也鼓勵我出書，藉此可以影響更多的人。我學習到人生在世，要作一個有影響力的人，唯有如此，才能真正幫助到人。

最後，我要感謝黃佳興老師。我是在二〇〇六年認識了黃老師，他也成為我全方位成功的教練。上他的課讓我感受最深的，就如同他喊的口號：「幸福成功快樂！」許多人誤以為要成功才能快樂，黃佳興老師告訴我們：「幸福比成功重要。」

曾有年輕人針對這句話提出質疑：「應該是成功比較重要，成功了自然就會有幸福呀？」

我反問：「如果要成功才能幸福，難不成一輩子沒達到成功，那就一輩子不能得到幸福嗎？」

原來，幸福是可以學習的，幸福可以靠自己內心創造。幸福應該是由內而生的，不是依賴外在物質。網路上一篇廣傳的幸福文章寫說：「所有靠物質支撐的幸福感，都不能持久，都會隨著物質的離去而離去。只有心靈的淡定寧靜，繼而產生的身心愉悅，才是幸福的真正源泉。」真的很有道理，而我，透過學習，我的人生有了顯著的成長與改變。我也希望將來成立文教基金會，可以引介不同的人，依本身屬性，結識不同的專業教練。而對於入門的基礎正確信念，則由我來做初步指導，一切以公益導向。

我特別想要分享的是財商觀念，這不只關於理財，也關於人生正確的信念。不要以為財商就是要我們擁有愈多錢愈好。大師教導我們：

一個人的價值，

不是看他有多少錢，而是看他幫助過多少人；

也不是看他多有魅力，而是看他影響多少人。

抱持著正確的財商，才能擁有成功的人生。

曾經有個朋友找我，「寶哥，我也很努力啊！但我為何沒有錢？」

我問那位朋友：「你對有錢人感覺是怎樣？」

他一時說不出話來，後來想想就說：「感覺普通。」

我就告訴他：「既然你覺得有錢人只是『普通』，那上天給你的回應，當然就是只給你『普通』的財富，這一點也不奇怪。」

其實這就是和有錢人相關的財商思維。最可能變有錢的人，就是強烈心裡想著要如何跟有錢人學習，而像他一樣成為有錢的人。其次就是，對有錢人的看法「普通」的人，也就是絕大多數的人。最糟的是，抱著仇富心態的人，這樣的人是最難變成有錢人的人，因為你不可能成為你討厭的那種人。

想要改變你的人生嗎？就先改變你的財商。

因為唯有改變腦袋，才能改變口袋！

由於彩券事業對我的人生財務新境界有很重大的影響，抱著回饋社會的心，我賣書的所得，將全數捐出來，作為成立文教基金會之用，擬取名「彩光文教基金會」，意思是發揚彩券公益之光。

這是個屬於學習人的園地。衷心邀請你一起來學習，並透過您購買此書，促進彩光文教基金會及早成立。

感謝誌

感恩每個在生命中與我互動過的人

我這一生，受過的幫助太多了。

原生家庭裡，父親母親用關愛用苦口婆心的教誨，引領我的純真童年，並種下正向信念的種子。

我那不離不棄的老婆，巧眉。她從青春歲月陪我到老，她對我的付出，幾生幾世都難以回報。還有我的兩個孩子，感恩他們對我時間上很少陪他們的包容，也在成長歲月中帶給我許多的歡笑，如今每天在家陪伴幾個孫子、孫女，其樂也融融。

我當然還要感謝，這一路走來，支持我、教育我的復健醫師，以及脊髓損傷傷友，還有我在做協會服務的階段裡，用心和我互動，積極參與公益，或者透過分享帶給我指引的人。

另外，如今我的彩券事業興旺，所有來捧過場的人，都是我生命中的貴人，是你們帶來的正面磁場，讓每天都有新的可能。

若因此創立彩光文教基金會，希望可以幫助更多的人。

更是要感謝，我生命中不同階段的導師，這幾年來我積極的上課學習，透過課堂透過書本，我的心靈成長許多。感恩這些導師們，今後我也會持續上進學習。

最後，每位閱讀本書的讀者們，你我在展頁的此刻，也都發生了連結，這絕對是種正向連結，祝福大家都能感受到正面能量，一起心想事成。

人生除了感恩，還是感恩。

正如我們每天除了學習，還要更多的學習。

今天，你學習了嗎？

即便放下書本，那也不代表學習結束，反倒是另一種學習的開始。

就讓我們一起好好學習吧！

感恩有您！

附錄一 寫給父親的信

親愛的老爸：

本來想當面跟您道謝，想一想您現在聽力不是很好，還是用寫的比較仔細、也才能講得更清楚……

在我一生當中，每每最關鍵的時刻，您總是在前面引領著我，帶我度過人生路的種種難關，雖然我沒能功成名就，但是以一個坐輪椅的人來說，在現今中高齡失業嚴重的年代，我有份穩定的工作、幸福美滿的家庭、一位好老婆以及一對聽話的兒女；這都要感謝老爸您的幫助，當然不只是眼睛看得到的一個金店面而已，如果不是您對我個性上有著深遠的影響，讓我能夠有著正向積極、做事認真負責的態度，就算家有萬貫家財，也沒辦法守得住啊！您說對不對？

還記得我們住在民治橋下的時候，您從山上跟人買了隻猴子回家，有一次媽媽在餵牠的時候，卻被牠打破碗，媽媽很生氣叫您把牠賣掉，於是您牽著猴子帶我一起去屏東市內沿街問看有沒有店家要買，印象中好像問了好幾家，您走路又快，我有時得小跑步才跟得上，就這樣從下午一直走到晚上，我那時還不會看時間，依稀記得應該是過了吃飯時間很久了，最後總算賣出去了，到現在我還記得您如釋重負、高興的神情，接著就帶我去吃飯，我問說為什麼這麼晚才吃，您回答：「沒有賣出去怎麼有錢吃飯？」雖然當時年紀還小，卻半信半疑的在想我們有窮到那種地步嗎？但是卻稍微能夠瞭解到賺錢的辛苦了。

因此也養成了我不亂花錢、節省的個性。

在我小學的階段，兄弟兩個中，除了別人請客您因為哥哥比較會吃，所以帶他去之外，平常您最喜歡帶我出門了，記得有一次您帶著我們去找人，我們兄弟在您機車上等，等了好久，最後哥哥打算走路回家，我想這樣您出來找不到人怎麼辦？所以沒跟哥哥一起回家，後來您都拿這件事來說我比較有耐心，逐漸的長大後也養成了我比較有耐心的性格，對任何想做的工作就比較有耐心做得比較久（除了以前高中交了一些壞朋友叫我不要待在糖廠跟他出去混以外）就像您常講的一句台語諺語：「戲棚下是站久的人的。」所以我現在才能擁有一份穩定的工作。

國中的時候家裡開雜貨店，因為我對人親切、面帶微笑，因此您比較喜歡叫我顧店，而您認真做生意榮獲公賣局頒發獎狀全省第一名，從您做生意中教我的種種點滴及讓我學習到您的用心，至今成為我做生意的榜樣，雖然我沒能做到全省第一名（因為這個行業有個特色，就是開了好幾次頭獎的投注站生意會比較好，最近一次開出頭獎的投注站當月成績會更好，如此運氣的成分比較多，反而比較會做生意就看不太出來。），但是我從協會回來做彩券之後，把營業額提升了有一倍多，當然也是拜第一次開出頭獎之賜，但是從那次之後的五年下來每一年業績都往下掉，掉到已經不是大里市第一名，我回家來做之後，現在已經永遠都是大里第一名，在全臺中縣排前三名，前兩個月連續都拿第二名，接下來的目標是在郵局的櫃臺門市搬來之後，要真正的做到全臺中縣第一名，以不辜負老爸從小的教誨。

剛升上高中的階段，因為我考上不理想的高中，雖然也是省立的，但是那間學校考上大學的錄取率低，所以我也想要跟哥哥一樣到樓上去念書，以便將來能考上大學，有一次我要上樓去唸書，您卻要我顧店，我說這樣沒辦法專心唸書，您就說以前有一位窮人的孩子把牛牽到山上的樹上綁著，一邊顧牛一邊讀書，後來也是考上大學，我說我沒辦法，您大聲的硬是說「有」，我就賭氣似的高中三年幾乎都不讀書，考試全靠作弊，那三年幾乎都是在撞球場度過，這樣最終只是害了自己考不上大學，您還渾然不知的叫我報名考看看，多花了一筆報名費（記得好像不便宜，要一千多塊）。在此向您說聲：「老爸，對不起！」不過，這件事也讓我學習到，不要為了賭氣而做出不利自己的事，到最後反而是自己害了自己。

讀到高三時我混得愈來愈凶，已不記得您到撞球場找我幾次了，只記得第一次被您看到時您很生氣的把球拿起來作勢要丟我，後來把球重重的扔到撞球臺……；還有幾個晚上我都跟人家混到半夜兩、三點才躡手躡腳的回家，印象最深刻的是有一次也是到兩、三點了，想說您們應該早就睡了，沒有人會知道，哪知一開門，黑暗中有個人影坐在長籐椅上，赫然就是您，您一句話也沒說看我回家就站起來回房去睡了，對於非常嚴肅脾氣不好的您，這樣的舉動很不尋常，因為您等那麼久卻又沒罵我，那代表的是關心。我心裡超感動的，好像從那次之後，我就不敢再那麼晚回家。

高中畢業等著當兵那兩、三年也很讓您操心（小時候您對我們的期許很高，希望我們長大都能當檢察官或醫師，沒想到我們不爭氣都沒能考上大學，您建議我們考警察，哥哥是近視不能考，我是不夠高。），一畢業我就猶如被放出籠子的鳥兒，飛得遠遠的去高雄、臺南等地工作，雖然有在工作卻都沒拿錢回家，有時候還讓您拿錢去贖人（因為我向人借錢），您跑到我工作的地點找我回去，費盡心思安排我去屏東糖廠工作，做沒幾個月又被壞朋友叫出去跟他一起混，也沒跟糖廠講一聲就失了聯繫。不知過了多久，您好不容易找到我，要我繼續回糖廠工作，結果人家不要了（對不起！您一定很失望。）我就繼續出去做我的「漂泊迌迌人」……直到您又去我工作的地方找我，特地跟我說這次是特別透過一位警官朋友介紹到臺中糖廠，叫我不要又做一半不做，當兵回來才能由糖廠內部招考進去。這時候因為遠離那些壞朋友才能安定的持續工作到去當兵。感謝老爸對我不放棄的「千里尋子」。

我覺得您好像是上輩子欠我們兄弟倆的，除了操心我的工作、前途、還有我的身體狀況……等，記得您為了我的鼻子過敏，帶我不知看過多少醫生；而哥哥小時候的腎臟問題，還有讀高中時的腦神經衰弱，都讓我見識到一位堅強男人內心的煩惱、關愛。尤有甚者，在我脊髓損傷住院時，您來醫院看我，我突然發現短短沒幾天怎麼您的頭髮全白了（本來您的頭髮黑白相間各半），臉都憔悴了，那時候心裡好疼、好捨不得，真想當場哭出來，覺得好對不起爸爸，讓爸爸操心成那樣！

爸爸是我心目中堅強的男人，經歷過事業及婚姻的不順遂沒被擊垮而東山再起，面對兩個孩子從小到大出各種狀況的處理、還有租車重大車禍事故及客戶欠款去要債時被恐嚇的各種狀況處理，都沒有這一次讓爸爸您操心成短短幾天頭髮全白這麼嚴重，我才真正相信伍子胥一夜之間頭髮全白絕非子虛烏有、憑空想像，更深切體會嚴肅爸爸您內心世界那暖暖的父愛。

當兵回來我比較懂事少讓您操心，但是這次的搞飛機，真讓爸爸您受到重重的打擊，又看到您開始煩惱及操心了。

在我人生最絕望的時候——受傷後每天在家做復健，後來搬到中興路住，您來看我的時候都會勸我再做出租車的生意，甚至告訴我說如果我再不工作，老婆巧眉會跑掉，當時我覺得真的沒辦法，後來一次您來看我，又再重提，湊巧明〇仔也來看我，他也力勸我再做租車生意，說願意幫我直到我能自己做，就算他要離開也會把事情都安排好再走。我才有勇氣重新做租車生意。因為我擔心的不是單純的辦契約租車，而是出事故之後的處理，有些人會跟您耍流氓，如果只有我一個坐輪椅的及單純的巧眉是會被欺負的。

因為您這次的幫助願意將房子讓我貸款買車，我也才能像您一樣東山再起，我有您及明〇仔、巧眉的幫忙，而您的東山再起卻是靠您自己而已，老爸，您真的不簡單！

小時候您總愛叫我們幫您按摩踩背，有時還會頭痛，小小年紀的心裡面總是懷疑：「頭，怎麼會痛？外表看起來好好的，痛在哪裡？」現在我自己也當了父親，才知道當一個父親打拚經濟、工作上的勞累，以及那個頭痛是怎麼一回事，又為什麼需要人按摩了！老爸，我能夠體會當一個父親的辛苦了，感謝您近五十年來的栽培、照顧以及幫助（想一想五十年有多久⋯是半個世紀吶！），我卻因為生意上的忙碌及身體的障礙無法隨侍在側略盡為人子女的孝道，請您不要怪我哦！幸好有巧眉幫忙盡點孝道，我也有經常跟尉民及尉莉說，要他們代我多孝順您老人家。他們再一年就都出社會工作了，您要好好保重身體，等著抱「內曾孫」，做阿祖哦！

祝

身體健康

寶國 敬啟

中華民國九十八年六月二十六日

附錄二　老婆的一〇〇種好處

1 結婚前與老婆約會常常遲到，老婆都很有耐心的等，有時約早上去，結果到下午、又延到晚上，晚上到了的時候連說抱歉，老婆卻都說沒關係，生意要緊，婚後證明老婆的確是個非常有耐心，寬容、能處處為他人著想的好女人。

2 老婆剛跟我結婚時，我要求她協助做生意，媽媽要求她幫忙做家事，生完小孩後又要負責小孩……等全家大小雜事，起初不太能適應，常常半夜跟我哭訴，我不知道該怎麼辦，也只能陪著她一起哭，還好老婆滿乖順的，雖然受委曲，還是忍氣吞聲的，直到我受傷後照顧我一路走來始終如一，終於獲得爸、媽的肯定。

3 民國七十八年我剛受傷，在最絕望、處境最艱難的時候，老婆依然不離不棄，尤其在我想要放棄自己的時候，老婆拿她家傳的玉項鍊給我載上，象徵對我的支持，讓我有勇氣活了下來。

4 剛受傷時老婆很累，每晚隔二、三個小時就要起床替我翻身，怕我褥瘡，白天又要照顧我、推著我趕做復健，自己都覺得生活緊湊，何況我休息時老婆還要幫我做一些善後工作如洗衣、買東西……等，印象最深刻的是在長庚醫院時，老婆有一次低下頭突然流鼻血，可見得當時對她的壓力有多重！豈只心力交瘁。

5 記得受傷後回家裡大概有一個月不敢出門，老婆積極的鼓勵要推我出去走走，我說：「背著尿袋要怎麼出去？」老婆說：「我幫你穿紙尿褲呀！」我又說：「坐輪椅出去覺得很丟臉。」老婆說：「我們又不偷不搶的，況且你又是賺錢為了家裡才這樣的。」經過她這麼說，我覺得以她這麼年輕陪著一位殘障的丈夫都不覺得丟臉了，我又哪裡丟臉呢？才鼓起勇氣跟她出去。有了那一次經驗以後才敢出門面對群眾。

6 想到當初我剛受傷的時候，整天沒有工作，白天都在做復健，老婆凌晨三、四點就要爬起來去送報紙，尤其是在颱風下雨或在寒冷的冬天，生活過得非常的清苦，想到身為男人，沒能給老婆過好的生活，心裡真難過。

7 許多脊髓損傷的夫妻，十之八九不是離婚就是沒同床睡覺，要不然就是徒具形式，沒有夫妻之實，想到老婆不離不棄及對我的愛……讓我覺得非常幸福。

8 自從結婚後，老婆與我共同打拚，但是我所花的冤枉錢，如：學飛輕航機的二十幾萬、選舉兩次共花近四百萬、股票五十萬、外遇時花三十多萬、簽三星彩快四十萬……這樣亂花錢，老婆都沒唸過我一句話，自己想了都汗顏。

9 民國八十八年我開計程車賺錢，得了十二指腸潰瘍，晚上都要麻煩老婆半夜去弄吃的給我，最嚴重的時候半夜要起來兩、三次，心裡非常不捨，所以決心要讓身體好起來。

10 經營了運動彩券之後，營業時間改至晚上十二點，我都覺得累得要命了，休息到中午才起來，老婆還是一年三百六十五天，天天早起開門，晚上打烊之後又結帳，沒有假日也沒別人來替代讓她能有一天休息不用開門、關門結帳，看了都讓人覺得心疼。

11 男女之間的感情容不下一粒沙，但是兩年前我的外遇，老婆卻寬容的都不計較，反而對我更加的好，讓我覺得好慚愧。

12 幾乎大多數的脊髓損傷者都會褥瘡開刀，尤其是早期醫療不發達的老傷友，但是我老婆卻把我顧得非常的好，有一次去醫院檢查的時候，畢院長很驚訝的跟護士說：「屁股皮膚很漂亮，顧得非常好吶。」

13 有一次全家去阿里山玩，從來沒有背過我的老婆就堅持一定要背我坐小火車上山去看石猴，我不捨她瘦小的身軀，直說不要，拗不過她的堅持，讓她背了，結果還真背得上去，只不過上去之後，就沒力了，一個踉蹌就往前撲倒在地，我壓在她的身上，全車的人趕緊幫忙拉我們起來。不知有沒傷到她，讓我好心疼。

14 有一年全家去谷關玩，老婆一定要我一起上山去觀賞龍谷瀑布，山路上有許多小石子又陡又滑，年輕力壯的人都爬得汗水淋漓了，何況是一個女人及國小的小孩，又要推著坐輪椅的我？以下的事實會讓您更知道推輪椅爬這趟山路的艱難：有路過的年輕人自告奮勇的幫忙推，推了一會兒，就突然間不見了；待會又有人幫忙推，也是一會兒就又不見了，類似這樣三番兩次，許多人不告而別，老婆卻是有始有終把我推到山上看瀑布。

15 民國九十七年十二月卅一日凌晨一點我尿路感染發燒，當時深夜無人天氣又冷又凍又下雨，老婆騎著機車穿雨衣出門幫我到芳鄰藥局買藥。

16 在尿道感染之前老婆生意雖忙，偶爾想到還會倒開水給我喝，都怪我自己不小心，後來老婆更常倒開水給我喝，在寒冷的冬天喝起來格外溫暖。

17 民國98年元月三日晚上九點多時我要趕去看胡醫師，老婆主動打電話問打烊了沒，胡醫師叫我快去，老婆就趕緊幫我把圍巾套上及拿一些口罩手套等禦寒物品。

18 民98/1/5 凌晨一點多，老婆已經很睏了，聽到外面有異聲，我請她出去看是否有人在偷我們的落地看板。即使愛睏得很，她還是勉力爬起來。

19 民98/1/5 每次我身體不舒服，老婆都會主動來床前問我要吃什麼、弄給我吃，一方面做生意、做家事又要照顧常常頭痛臥病在床的我。

20 民98/1/8已經下午四、五點了，老婆自己都還沒午睡，知道我疲累，卻要我先去午休，其實每天都是老婆最早起床、最晚打烊結帳的也是她。

21 民98/1/13我記錄著要買束尿帶，有天出去沒買著，老婆自己主動就幫我買回來了。

22 民98/1/14去新竹參觀運彩線上投注，回程老婆叫我休息換她開車，我直喊說不累，結果隔天睡起來好累哦，幸好有她幫忙開回來，不然我豈不又累倒了。

23 民98/1/15今年冬天又冷又凍的，老婆昨天才問我說是不是被子不夠暖和（她看我拿外套蓋頭部），今天中午曬被子晚上就拿給我蓋了。

24 民98/1/16石小姐打電來簽運彩，老婆就拿給我聽，我有事情又要接電話，就責怪老婆自己聽就好幹嘛拿給我……老婆只是靜靜的沒回嘴，反而是石小姐覺得過意不去，叫我不要罵我老婆。

25 民98/1/23今天我頭暈得很難受，老婆晚上想讓我出去走走，看會不會好一點，就去陳○○經理處送禮，沿路我還在暈，老婆體貼的撫摸我的臉、摸摸我的手，表示對我的關心及心疼，心裡備感溫暖。

26 民國九十八年元月過春節，老婆包給我的紅包厚厚的一疊，害我覺得很不好意思，因為常常生病，但心裡面卻覺得付出沒有白費，老婆能體會我的辛苦。

27 民98/2/1今天休息，我想去高雄參觀彩券行，老婆想到很久沒帶爸媽出門走走，於是就帶爸媽去了，沿徒都是老婆無微不至的在照顧爸，為爸設想，先推我去到定點，再來回的用輪椅把爸推來。「足甘心」！

28 民98/2/2今天深夜要睡覺了才發覺我鋪在床上的收涎毛巾換新的了……每次都是我忘記換，她先主動幫我拿去洗，真不好意思，這種小事也讓她麻煩。

29 有一天看到媽伸手要握爸的手時，老爸大叫，聽媽說才知道原來媽有時做家事洗手後，手冰冰的爸會不喜歡，讓我想到冬天我常手腳冰冷，老婆反而會用她那暖和的手搓我的手，讓我暖和一點，這一點跟爸媽倆的感情比起來，我幸福太多了。

30 聽到別人家會打小孩，想到老婆對於小孩的耐心與愛心，她從來不打小孩，而且對於小孩都用同理心、說理的方式，讓這兩個小孩的心理層面相當的健康，我感到非常的欣慰。

31 爸媽沒跟我同住，我因為坐輪椅不方便，很久以前我就有拜託巧眉，如果爸媽有事交待都要趕緊去辦好。有一次爸媽交待事情，我問辦得怎樣了，老婆說辦好了，我說：「怎麼那麼快？」老婆說，因為我以前有交代過，爸媽交辦的事情要趕快去辦好，聽了覺得「足甘心」。

32 民98/2/13這天小諭結帳金額短少了八百八十元，想到以前我曾跟巧眉一起結帳，遇到有少錢的時候，抓帳、想帳目是個相當耗精神又傷腦筋的事情，老婆每天都要這樣辛苦的做，需要相當的耐心與細心。

33 老婆對我最大的恩情多到不勝枚舉，除了原諒我的外遇，還有在我選舉時聽友人的建議，用跪票的方式，這是讓我覺得最對不起老婆的兩件事。

34 看到陳〇新自己單身一個人，家中大大小小的事情都自己來，我看得目瞪口呆，陳〇清說我有個好老婆，是我太好命了。

35 民 98/2/14 今天是情人節，因為尉民每天都要補習只有今天休假，所以全家都出去三義勝興車站玩，回來後大家都很累，老婆卻還想到明天要打掃法拍屋。回來後很晚了，我在洗澡，她還忙著洗衣服。

36 老婆比任何家人都還早起床，但是卻從不到最後關頭，絕不會叫我們父子女起床，要讓我們睡到自然醒，這樣也很讓我於心不忍，常勸她說：「小孩子放假沒事，可以叫他們起床幫忙。」但她還是都儘量自己做，讓小孩睡到自然醒。

37 小孩很晚起床尤其是女兒尉莉，我很怕她以後嫁做人婦不能適應，巧眉才跟我講說她以前在家裡每天要上班也都是我岳母叫她起來，可是現在卻不用人叫、不賴床自己很早就起床。讓我想到她能夠做出這樣大的改變，真的很不容易。

了。

38 老婆睡癖好，我常半夜睡不著不斷翻身，幸好沒吵到她，要不然我可就要孤單一個人睡了。

39 媽媽因為不識字、生活常識也不足，沒教我如何穿衣保暖，所以我結婚前遇到冬天，常常冷得發抖，坐輪椅後更怕冷，老婆教我穿兩件衛生衣，洗澡用暖爐，除了身體溫暖、心裡也感到溫暖了。

40 老婆很體貼，我睡覺時都輕手輕腳的，怕吵到我，又都堅持傳統迷信不跨過我身體下床，以示尊重。

41 民 98/2/22 老婆很有方向感，今天去參觀東勢的投注站，回來的時候幸好有她報路，要不然鐵定走錯的。

42 有一次家人出遊，回程由兒子尉民開，到了中港路近黎明路時，老婆委婉的告訴尉民：「我們可不可以走外線啊？」如果是一般人，就會直截了當的說：「內線塞車，走外線啦！」老婆雖然是對的，但都會顧慮到對方的顏面，講話很婉轉、口氣又溫和，有時候給我建議時，讓我聽起來都覺得很舒服，不會有那種被糾正的不悅。

43 有時我生氣、講話大聲了點，老婆都能靜靜的忍受，不跟我回嘴，尤其是在大庭廣眾之下，事後我想想都覺得自己很不應該。

44 在生意上，老婆都儘量讓我發揮，她去執行，日常生活也都叫她做這做那的，搞得她事情愈來愈多，她也都沒有一句怨言。

45 有一次因為老婆跟我冷戰，我受不了就搞失蹤，結果她為了我能平安回來竟然許下吃早齋的願，害得老婆造成一生的不便，心裡覺得滿虧欠她的。

46 人家形容照顧病人或小孩最辛苦的就是「把屎把尿」，以前胃腸不好就常常拉肚子，有時不舒服不方便下床也都老婆幫我倒尿袋，這些工作讓人覺得又污穢又骯髒，但我看在眼裡，覺得老婆都沒有一絲的牢騷與不快，就算是世上最好的看護也比不上她。

47 以前臺北市發行刮刮樂彩券，我們去批回來，賣了一陣子之後就沒那麼風行了，老婆怕賣不出去存貨底，就建議我們一起去臺中公園販賣。去到那邊，我還楞楞的發呆不敢賣，老婆就叫賣起來了，旁邊還有兩、三位同行的，看著我們大聲的吆喝，沒一會兒工夫就賣光光了，只能乾瞪眼，我們心裡好是歡喜的回家去了。

48 搞失蹤讓老婆擔心、搞外遇讓老婆傷心，至今想到老婆多次的哭泣及眼淚我都心疼得有如刀割！尤其有一次媽媽還為了二姊打我的事罵老婆，罵了好久，我心裡好痛……等媽媽走了後，老婆就跑到樓上去哭，哭得好久、好大聲，把我的心都哭碎了！老婆，我再也不敢讓妳受委曲了！

49 兩年多前我的腳嚴重燙傷，期間經過三、五個月之長，每一次換藥老婆都會陪伴著我，用她關懷的耐心、愛心陪我去醫院，回家親自幫我上藥、換藥，看到她出於真心耐心的關懷，深深感動。

50 民 98/01/27 凌晨一、二點了，我還在忙，老婆睡到一半起來尿尿，順便過來看我怎麼還沒睡，直到我也收起來去睡……

51 老婆從小孩出生就很用心的教育小孩，還記得兩個小孩小學時都拿過獎狀，只是我不會教，竟然跟小孩說：百分何足奇，只求六十一……幸好兩個小孩在人際關係、身心健康上，我還滿滿意的。

52 有些人對老公欣賞別的女人，都會生氣，老婆卻很有肚量，讓我可以盡情的欣賞，所以我都可以在逛街時一邊吃冰淇淋，眼睛也吃冰淇淋，尤其去美西之旅看上空秀真是非常過癮。

53 想到去美西之旅，是我生平最愉快的旅程，吃最好的、住最好的、玩最高檔的……多虧有老婆的辛苦幫忙，才能讓我擁有這趟永生難忘的旅程。

54 民 98/3/4 今天到媽住處找印章，媽找的心狂火著，考慮到老婆還沒睡午覺，我就讓媽再多找看看，結果媽愈找愈惱，後來我不得已只好叫老婆來，媽在老婆陪同下去外面找了幾個地方，最後才想起放在爸的輪椅後面，媽媽總算開心的笑了。

55 民 98/3/4 今天林〇君打電話來，說她老公很龜毛，她自己是處女座的都很要求自己了，再碰到這樣要求的老公，她覺得很有壓力，也怪她老公不體諒她，每當她睡午覺沒睡著，她老公都會說這樣讓她白睡了（老婆都會說沒關係，就當成是在休息就好了，因此我睡得沒壓力，偶爾還會睡著呢）。還有，有時她比較累想多睡一會叫她老公先去開門，但他一定要她一起去（比起來我真是太幸福了，老婆都隨我睡到自然醒……）。

56 民 98/3/5 今天早上六點半醒來，翻個身後聞到一股臭味，已經好幾個月不曾拉肚子了，想起以前這時如果叫老婆，會讓她沒睡飽，於是就等到她醒了再說吧。結果等到八點老婆醒了才跟她說，她告訴我說以後要馬上說啦！她都這樣無怨無悔了，我也要為她設身處地的多體諒她的辛苦，把自己的身體顧好，才不會常常麻煩老婆。

57 女生一般都很怕昆蟲類，想起以前廁所常常出現一些類似毛毛蟲等怪物，我很害怕卻都不敢打、也打不到，但是為了我受傷不方便的緣故，老婆只好鼓起勇氣打或夾到外面去丟；還有，連睡到半夜有蚊子也都是麻煩老婆起來打的。

58 有些人的老婆在別人面前會嫌自己的老公，老婆雖然聰明，卻不會咄咄逼人，就算她是對的，也不會在別人面前洩氣，讓丈夫沒面子。

59 老婆聽力好，家裡有任何動靜，都是她先聽到，比如垃圾車來，她遠遠的就聽到了，能夠及早準備。

60 因為老婆孝順，岳母願意幫忙我，知道我行動不方便，從我們搬到中興路就常常過來幫忙，也因為疼巧眉，就把房子過戶一半給巧眉，讓我們意外多了一筆財產。

61 我較喜歡冒險，之前做車行時與明〇仔走偏了，幸好老婆極力的反對，後來明〇仔還因此入獄。想當初我還不能諒解，幸好有老婆的阻檔。

62 民98/3/9最近玩運彩輸了幾千元，想到老婆在拉斯維加斯才輸了兩千塊回來還念念不忘，看到她這麼的節儉，對我這樣花錢卻都沒有責備，想起來真慚愧。

63 我喜歡亂出點子，有時有幫助，然而也花了許多冤枉錢，以前玩三星彩的對彩用拗的，結果輸了三十幾萬，到現在都還在心疼，相信老婆也很捨不得，但是從來沒聽她抱怨過，不但沒有責備，現在對我提的點子還都鼓勵居多。

64 去拉斯維加斯玩的時候，有趟坐直昇機遊大峽谷的行程，錢都繳了，到現場才知道我坐輪椅不方便，結果老婆也說不坐了，其實老婆是捨不得花錢，也希望留下來陪我。她就是這樣，對自己很節儉，對我卻很捨得花，不過，我倒很希望她坐坐看，看她開心我也高興。

65 民98/03/13晚上我邊顧店邊看手機的功能，剛好老婆走過來，我給她看照片有一種站著的兩輪電動車，一張張的翻，當翻到外遇對象的照片時，我自己都覺得尷尬，老婆卻什麼都沒說，想到如果這是同業的老婆就大發脾氣了，該同業曾說過他老婆聽到他前女友的名字都大發雷霆，想想老婆真的很寬大、很有修養，後來我自己就把照片刪了。

66 民98/03/14凌晨天氣突然變冷，我要睡時老婆已為我多準備了一件被子放在床上，並叫我要加蓋被子，以前都疏忽掉老婆的這些小動作，認為是理所當然，但是設想自己為老婆做了些什麼的時候，才覺得老婆真的很不容易，能夠常常為我設想周到。

67 民98/03/15早上一到店面做事，左袖的鈕釦就掉了，我拿橡皮筋綁著，不一會兒老婆就拿針線來幫我縫，主動、即時的為我做任何事，這是老婆最值得讚許的地方。

68 老婆很節儉樸素，穿著打扮不浪費，讓我省了很多開銷，我還不知足，常怪老婆不會打扮；不過最近有改善了，得體的穿著讓許多客人都很稱讚。

69 老婆是個很保守的人，知道我喜歡生活要有情趣，偶爾會跟我玩耍一下，逗我開心，讓比較有壓力的我覺得比較鬆弛舒緩。

70 民98/03/17今晚要洗澡的時候知道老婆有去看兒子讀書，看法拍書籍的時候也已經有老婆看過畫重點的筆跡，想到老婆做事情很有執行力及務實，每次我有一些想法，總是熱情五分鐘，幸好老婆都在幫我執行，才能把想法實現。

71 民 98/03/18 今晚老婆經過同業的店遇到欠債的李先生，使我想到以前做租車時有欠債的都是老婆去討債，許多計程車司機大都「歹看面的」，去討債又都會受一些委曲，反而看他們的臉色，真難為了老婆。

72 老婆很節省又能自我控制，從跟我結婚到現在很少花什麼錢，看她在簽運彩也都小玩而已，頗能自我控制，兒子也像她一樣，不會花大錢讓我擔心。

73 民 98/03/24 今天請老婆幫我找氣墊座的破洞，因為很小洞老婆找了很久，最後終於找到了，老婆開心的說那個洞很小，冒氣泡好可愛……其實有些事情很麻煩，但是老婆總是樂在其中。

74 民 98/03/29 今天早上七點從睡夢中醒來發覺兩手臂痠痠的，再也睡不著，後來開始畏寒，我知道可能又是尿道感染了，就請老婆買成藥，吃後睡了一覺，下午四點醒來頭還是昏昏的，老婆要我去醫院看，我身體軟趴趴的不想去，老婆好言相勸之下我振作精神去看了，還好有去看，醫生說白血球數兩萬，不住院恐得敗血症。

75 民 98/04/01 想到我年輕時爸住院，我去醫院照顧他，結果睡得老爸叫我不醒，還麻煩到隔壁床的人起來幫忙我才醒過來，看到老婆照顧我，我一出聲她就醒過來，真的為難了老婆。

76 民 98/04/04 我睡覺怕吵，都得等家人全睡我才能睡，自己卻常常忙到很晚，吵到老婆睡覺，但是她也都只是好言相勸，從來不生氣、開罵，覺得自己好自私哦。

77 民 98/04/04 想到同業某先生與她太太，先生很會做人但妻子沒辦法跟他一樣，想起來真幸運娶到好老婆，我倆做生意待客、處事都受人稱讚，老婆比我還要成功，每次顧客阿賢回來都會找我老婆聊天、送東西給我們吃，阿敏也是一樣。

78 民 98/04/04 我們住院期間沒辦法集資包牌，我才想到當初要做集資之初，都虧老婆堅決的說可以做得起來、給我鼓勵，及幫忙招攬客人。並且在我槓龜挫折的時候安慰我，現在才能持續的做下來。

79 老婆處處為我著想，如果沒睡好，老婆會輕手輕腳的，並把浴廁旁的住家鐵門關起來，就怕吵到我，想讓我多睡會兒。其實，是我自己要改善，以免連累老婆。

80 民 98/04/04 自己都覺得好麻煩，晚上睡不著還要老婆幫忙按摩、撫摸、復健，老婆還是很有耐心的幫忙我，每次都能讓我舒緩壓力，順利的進入夢鄉。

81 自己睡癖不好、身體也沒自己照顧好，要老婆操心，真不好意思，每當多病的身體不適，老婆不僅不會用罵的，且總會體諒的找我出去走走，以實際行動及溫暖讓我深覺感動。

82 民98/04/05 我現在幾乎都沒在幫忙做家事了，很多事情就只是一張嘴，老婆就做得流汗，深覺內疚……像最近就請老婆買店面進廁所的門簾，老婆很快的就做好了。有時候看老婆忙得都很累了，真想幫忙，但現在自己身體又不好，事情又多，新的廚房設備又沒無障礙可讓我幫忙洗碗，老婆一點都不怪我，看了真讓人心疼。

83 民98/04/03 老婆除了是生活大師，手也很巧，今天做了個手提紙盒要裝零錢用的，沒一下工夫就做得可愛又精緻。

84 民98/04/07 已經凌晨兩、三點了我才睡，想起我如果要睡時都要家人都睡我才睡得著，老婆不會這樣強人所難，她愛睏就自己去睡，我卻不能配合她，太晚睡吵到她，幸好她都不怪我，我自己覺得很不好意思。

85 民98/04/07 老婆很聰明，很早就已經懷疑法拍屋施工師傅可能在金錢上動手腳，今天我故意要與師傅拿錢給材料行，結果半路上對方來電說叫朋友拿，我就一定要親自拿去，結果師傅就像被我抓包一樣有點下不了臺的說我不信任他如何如何，果然出包。

86 民98/04/07 今晚跟老婆商量以後每月要給媽媽五千元（原本每月三千元），老婆很樂意的說沒關係，並問是否還有其他的，她要出，我說不用，我預算夠可以自己出，真是孝順的好媳婦。

87 民98/04/08今天跟老婆商量黃〇〇如競選時想贊助他十萬元，老婆也很爽快的答應，我覺得老婆很好溝通，都很支持我的決定。

88 民98/04/08今天我亂發脾氣跟老婆說：什麼事情都要我，害我都沒辦法午休、運動，想到許多事情如結帳、買東西、去爸媽處辦事等許多事也都非老婆不可，老婆卻從來沒有發過牢騷，我卻因自己的時間管理不好而亂發脾氣。

89 民98/04/11早上才剛跟老婆說苦瓜很好可以排毒，老婆就出去買回來，中午就有得吃了，而且是買到我想要的沖繩島的山苦瓜，謝謝老婆的用心！

90 除了有位好老婆，想到我的岳母也真的很好，拖著老邁的身體常為我們煮飯、幫忙家事，還有巡前顧尾、半夜起來關門，有時獨到的見解也提醒了我們許多事。

91 民98/04/13前幾天小傑簽後拿給我的彩券被我失神丟掉，結果中了三千多要賠人家，想起兒子尉民也曾經兌錯獎多給人二萬多元，對於類此犯錯老婆都不會罵人，只想到要把問題處理好，下次不再犯就好。

92 想起我搞掉好多錢，自己都不知道家裡還有沒有米，老婆說多年前我選議員落選後的過年前一天，家裡就只剩下一千元，徬徨得不知道那一年過年要怎麼過，聽起來心酸酸，原來有許多事情老婆都默默自己承擔。

93 把租車生意收起來後，原本的家庭支出沒能一下子減少，經濟壓力很重，我去開計程車、老婆就去開娃娃車，由當老闆到開計程車、娃娃車當司機，需要心理調適，我們都很怕遇到認識的熟人會覺得難堪（我還以為只有我會這樣想，後來是聽老婆講才知道老婆也會不好意思，真是委曲了老婆）。

94 回想民國七十八年我剛受傷從醫院回家後搬到中興路來住，每天就只做復健，沒有工作，家裡經濟都是老婆在管理，老婆也沒有怨我沒錢、沒工作，每次都只鼓勵我勤做復健，其他的事情她負責，這樣清苦的生活，老婆都無怨無悔。

95 民 98/04/13 今天聽到新聞報導灑錢怪客好像精神有問題，想到有錢還不一定會幸福，我與老婆走過風風雨雨的歲月，有錢沒錢的時候老婆都能隨侍在側，想想覺得這樣我就已經很滿足、很幸福了。

96 民 98/04/15 今天聽聞共同的朋友秀〇自殺的消息，對於她的境遇頗能同理，經濟不好真的會逼人走上絕路，幸好老婆自己都能顧好自己的身、心、靈，經濟上也從來不亂花錢，從不勞我費心、操心家裡米缸還有沒有米，真是「三世人燒好香」都找不到的好老婆。

97 嫁到我家，老婆從來不嫌棄我、包括對我的家人，想到老爸前陣子跟我們一起出門都會走到哪就尿到哪，以前跟他出門也都會在公眾場合大小聲，實在很沒面子，但是老婆卻比我還能忍受，起初我對她有這種修養還覺得滿驚訝的，她怎麼都不覺得丟臉？原來老婆是性情好。

98 民 98/04/21 晚上我在洗澡，老婆說我不必跟員工講那麼多，到時候又培養第二個同業李〇〇、或是張〇〇出來，口氣略帶責怪，我聽起來有點不舒服，不過想到老婆每次都能洞察機先，於是我仔細想想，那位員工的確問我許多不是她該知道的問題，如正常人做彩券會不會有問題、還問我關於集資如何做等（她都已經嫌工作太多了幹嘛問），讓我愈想愈覺得的確需要防範。

99 民 98/04/22 最近新聞報導爸爸將女兒丟入鍋爐內燙傷的事，想到老婆跟我結婚多年從來不會跟我發生激烈的衝突、爭吵、甚或打架，所以也因家裡的祥和讓子女們都很溫和，不會因與人發生打架等暴力情事而發生不幸，這點真值得慶幸。

100 民 98/04/23 吃晚飯時我說要跟店員講她吃飯用掉很多時間，老婆叫我今天先不要講她，因為她今天搭李〇鴻的機車，被她老公看見吃醋跟她吵架，想到老婆都能先想到人家的心情，而且不會亂吃醋，家裡才不會常常吵吵鬧鬧的。

即使從天空墜落，也不能癱瘓我的人生。

作　　者／薛寶國
美術編輯／申朗設計
企畫選書人／賈俊國

總 編 輯／賈俊國
副總編輯／蘇士尹
編　　輯／高懿萩
行銷企畫／張莉滎・廖可筠・蕭羽猜

發 行 人／何飛鵬
法律顧問／元禾法律事務所王子文律師
出　　版／布克文化出版事業部
臺北市中山區民生東路二段 141 號 8 樓
電話：(02)2500-7008　傳真：(02)2502-7676
Email：sbooker.service@cite.com.tw
發　　行／英屬蓋曼群島商家庭傳媒股份有限公司城邦分公司
臺北市中山區民生東路二段 141 號 2 樓
書虫客服服務專線：(02)2500-7718；2500-7719
24 小時傳真專線：(02)2500-1990；2500-1991
劃撥帳號：19863813；戶名：書虫股份有限公司
讀者服務信箱：service@readingclub.com.tw
香港發行所／城邦（香港）出版集團有限公司
香港灣仔駱克道 193 號東超商業中心 1 樓
電話：+852-2508-6231　　傳真：+852 2578-9337
Email：hkcite@biznetvigator.com
馬新發行所／城邦（馬新）出版集團 Cité (M) Sdn. Bhd.
41, Jalan Radin Anum, Bandar Baru Sri Petaling,
57000 Kuala Lumpur, Malaysia
電話：+603- 9057-8822　　傳真：+603- 9057-6622
Email：cite@cite.com.my
印　　刷／卡樂彩色製版印刷有限公司
初　　版／2018 年（民 107）10 月
售　　價／300 元
I S B N／978-957-9699-37-2

城邦讀書花園　布克文化
www.cite.com.tw　WWW.SBOOKER.COM.TW